中国传统文化元素与现代艺术设计教学融合研究

王　颖◎著

吉林人民出版社

图书在版编目（CIP）数据

中国传统文化元素与现代艺术设计教学融合研究 /
王颖著 . -- 长春 ：吉林人民出版社，2024. 5. -- ISBN
978-7-206-21088-4

Ⅰ . K203；J06-4

中国国家版本馆 CIP 数据核字第 202463QT47 号

中国传统文化元素与现代艺术设计教学融合研究
ZHONGGUO CHUANTONG WENHUA YUANSU YU XIANDAI YISHU SHEJI JIAOXUE RONGHE YANJIU

著　　者：王　颖
责任编辑：王　丹　　　　　　　　封面设计：韩静茹
吉林人民出版社出版 发行（长春市人民大街 7548 号）　邮政编码：130022
印　　刷：河北万卷印刷有限公司
开　　本：710mm×1000mm　　1/16
印　　张：9.75　　　　　　　　字　　数：120 千字
标准书号：ISBN 978-7-206-21088-4
版　　次：2024 年 5 月第 1 版　　印　　次：2024 年 5 月第 1 次印刷
定　　价：58.00 元

前　言

在长达数千年的历史长河中，中国传统文化不断积淀与演变，形成了一种深刻而独特的文化体系。这一体系涵盖了价值取向、思维方式、思想观念、礼仪制度、文学艺术以及风俗习惯等多个层面，构成了中华民族独有的文化基因和精神特质。当下的中国传统文化不仅展现出丰富的精神内涵，还显现出对现代社会发展的深远影响。因此，传承和发展中国传统文化是非常有必要的。

当今世界是全球化的世界，世界各地的艺术和设计也相互借鉴、日益融合。在这种背景下，将中国传统文化元素融入现代艺术设计教学，不仅有助于传承和弘扬中华文化，还能促进文化多样性发展和国际文化交流。本书旨在探索这一融合的意义、策略和实践以及这种融合对艺术设计教学和学生创造力发展的影响。

本书共分为五章。第一章为中国传统文化与中国传统文化元素概览，从中国传统文化的内涵与特征入手，探讨中国传统文化的思维方式，并详细论述中国传统文化元素的界定与构成。这为理解中国传统文化在现代艺术设计中的应用提供了理论基础。第二章为现代艺术设计教学概览，分析了现代艺术设计的基本内容、现代艺术设计教学的内涵与特征以及现代艺术设计专业。第三章为中国传统文化元素与现代艺术设计的融合，探讨了中国传统文化元素与现代艺术设计的关系、两者融合的必要性及两者融合的表现。第四章为中国传统文化元素与现代艺术设计教学的融合，探讨了中国传统文化元素与现代艺术设计教学融合的内容与原则、策略、意义以及中国传统文化元素在艺术设计课程中的应用。第五章为中国传统文化元素在现代艺术设计教学中的发展，以室内设计为例，探讨了中国传统文化元素对现代室内艺术设计教学的启示，并详细分析了传统雕花纹样和传统瓦元素在现代室内艺术设计教学中的发展。

在撰写本书的过程中，笔者参阅了大量的文献资料，在此谨向文献资料的作者们表示衷心的感谢。由于水平有限，书中难免存在不足之处，敬请读者批评指正，以便在今后的工作中不断改进和完善。

目　录

第一章　中国传统文化与中国传统文化元素概览 / 001

第一节　中国传统文化的内涵与特征　/　003

第二节　中国传统文化的思维方式　/　015

第三节　中国传统文化元素的界定与构成　/　022

第二章　现代艺术设计教学概览　/　025

第一节　现代艺术设计的基本内容　/　027

第二节　现代艺术设计教学的内涵与特征　/　059

第三节　现代艺术设计专业分析　/　062

第三章　中国传统文化元素与现代艺术设计的融合　/　075

第一节　中国传统文化元素与现代艺术设计的关系　/　077

第二节　中国传统文化元素与现代艺术设计融合的必要性　/　090

第三节　中国传统文化元素与现代艺术设计融合的表现　/　097

第四章　中国传统文化元素与现代艺术设计教学的融合 / 103

第一节　中国传统文化元素与现代艺术设计教学融合的内容
　　　　与原则 / 105

第二节　中国传统文化元素与现代艺术设计教学融合的策略 / 108

第三节　中国传统文化元素与现代艺术设计教学融合的意义 / 112

第四节　中国传统文化元素在艺术设计课程中的应用 / 114

**第五章　中国传统文化元素在现代室内艺术设计教学中的应用与
　　　　发展 / 119**

第一节　中国传统文化元素对现代室内艺术设计教学的启示 / 121

第二节　中国传统文化元素在现代室内艺术设计教学中的应用
　　　　与发展——以传统雕花纹样为例 / 124

第三节　中国传统文化元素在现代室内艺术设计教学中的应用
　　　　与发展——以传统瓦元素为例 / 131

参考文献 / 146

第一章　中国传统文化与中国传统文化元素概览

第一节　中国传统文化的内涵与特征

一、中国传统文化的内涵

（一）中国传统文化的含义

1. 文化

要探究中国传统文化的真谛，不可避免地要先解构"文化"这一概念。文化是一个广泛而复杂的词汇，不但存在多种文化理论，而且在语源学角度上存在各种语言歧义。在这种情况下，想要抓住中国传统文化的精髓，就必须在理论多元和语言多样的基础上进行考量。

在古汉语中，"文化"是"文治教化"的缩写形式。《周易·贲卦》："观乎人文，以化成天下。"这句话意思是用人文来教化百姓，强调的是通过文学和教育来实现社会的治理与和谐。这种对"文化"的解读注重的是"文"字的修饰和"化"字的转变功能，意在通过教化与礼仪的推广，实现国家的治理。进入唐代，随着社会的发展和思想的变革，"文化"一词的内涵也有所扩展。孔颖达在《周易正义》中这样解释："'观乎人文以化成天下'者，言圣人观察人文，则《诗》《书》《礼》《乐》之谓，当法此教而'化成天下'也。"即孔颖达认为"文化"涵盖文学艺术、礼仪风俗等上层建筑范畴，这标志着"文化"从单一的政治教化手段转变为包含更广泛的社会生活领域的概念。孔颖达的这种解读影响深远，直至明清时期，人们对"文化"的理解依然受其影响。

现代社会，学者对"文化"一词的理解和解释出现了质的飞跃。《辞海》这样界定文化："广义上是指人类社会的生存方式以及建立在此基础上的价值体系，是人类在社会历史发展过程中所创造的物质财富和精神财富的总和……狭义上是指人类的精神生产能力和精神创造成果，包括一切社会意识形式：自然科学、技术科学、社会意识形态。"①张岱年和程宜山进一步拓展了"文化"这一概念的维度，他们认为文化是人类在处理人与世界关系中所采取的精神活动和实践活动的方式，以及这些活动所创造出来的物质和精神成果的总和，是活动方式与成果之间的辩证统一。②

在西方语言中，"文化"一词起源于拉丁文的 cultura，其本义与土地耕作、植物栽培以及生物养育紧密相关，体现了古人对于自然界和生命的依赖与尊重。随着时间的推移和社会结构的复杂化，这一概念逐渐脱离了其字面意义，扩展到人类精神与社会生活的各个层面。"文化"一词的变迁反映了人类自我认知的深化和文艺复兴以来对人文价值的重视。艺术和社会知识的发展逐渐成了评价一个社会文明程度的重要标准，"文化"开始被理解为一个社会、一个民族甚至一个时代的精神象征和总体表现。19 世纪，随着社会学、人类学等学科的兴起，"文化"的定义被进一步具体化和学术化。英国的文化人类学家爱德华·伯内特·泰勒（Edward Burnett Tylor）对"文化"进行了全面解读："从广泛的人种学的意义上来说，文化或文明是一个复杂

---

① 陈至立. 辞海 [M]. 上海：上海辞书出版社，2020：4577.
② 张岱年，程宜山. 中国文化与文化论争 [M]. 北京：中国人民大学出版社，1990：3-4.

的整体，它包括知识、信仰、艺术、法律、道德、风俗以及人作为社会成员所获得的一切能力和习惯。"①美国社会学家伊恩·罗伯逊（Ian Robertson）在其所著的《社会学》中进一步将文化细分为物质文化和非物质文化两大类。物质文化包括所有人类创造并赋予意义的人工制品，如建筑、服饰、工具等；而非物质文化涉及更为抽象的概念，如语言、制度、价值观念等。罗伯逊的分类体现了文化不仅仅是可见可触的实体，同样包括了那些影响人类思想和行为的无形要素。

在综合了古今中外学者对文化含义的解读后，本书可以对文化下这样一个定义：文化是人类在社会历史发展进程中所创造的物质财富和精神财富的总和。这一定义既广泛又深刻，涵盖了人类社会活动的多个层面。将文化划分为社会文化、物质文化、精神文化三个层次，有助于人们从不同的角度理解和研究文化的多样性和复杂性。

（1）社会文化。社会文化是社会的基础，它体现为社会成员之间共同遵守的社会规范和行为规范。这些规范可能是正式的，如法律体系和政治制度，也可能是非正式的，如习俗、礼仪和信仰。社会文化是文化的公共表现，它决定了一个社会的基本结构和运行机制。例如，我国讲究礼节和仪式，西方社会重视契约精神，这些都是不同社会文化的体现。

（2）物质文化。物质文化是指以人类活动创造的物质产品为载体的文化。这些物质产品不仅反映了一定的经济活动和生产方式，还影响了社会经济的组织方式。物质文化的变迁，如从农业社会到工业社会再到信息社会的变迁，直接标志着人类物质文明的发展水平。同时，物质文化为精神文化提供了物质基础，如书写工具的发明促进了

---

① 　泰勒.原始文化[M].蔡江浓，编译.杭州：浙江人民出版社，1988：1.

文学的发展，交通工具的进步加速了文化的交流。

（3）精神文化。精神文化是文化的核心，它是人类意识形态和观念体系的集合。精神文化包括哲学、宗教、科学、艺术等，是人类智慧和创造力的结晶。精神文化不仅体现了一个民族和国家的精神面貌，还是文化自我更新和发展的内在动力。精神文化的丰富性和多样性是一个社会进步程度和文明程度的重要标志。

文化不仅是一系列的产品或者观念，还是一种动态的、不断演变的过程。文化通过社会文化、物质文化和精神文化这三个层次的相互作用和影响，塑造了人类的生存方式和世界观。

2. 中国传统文化

中国传统文化是中华民族五千多年历史发展中积累下来的宝贵财富，构筑起中华民族共有的精神家园，是中国人安身立命之所，也是中国特色社会主义文化的坚实基础，更是中华民族在激荡的时代背景下屹立世界的文化之基。

中国传统文化之所以博大精深，是因为它在长期的历史演变中能够融会贯通，集百家之长。中国传统文化一直在与时俱进，与现代生活紧密结合。如今，无论是对于教育、科技，还是对于国际交流与合作，中国传统文化都能发挥其独有的作用和影响。当然，传统文化中也有一些无法与时代契合的内容，对此，人们应该批判地继承中国传统文化，而本书中所论述的中国传统文化，皆为其精华部分，即中华优秀传统文化。

（二）中国传统文化的精神

在中华民族漫长的历史发展进程中，中国传统文化的精神始终是推动社会发展、指导人们生活的重要内容。中国传统文化的精神主要包括以下几个重要方面（如图 1–1 所示）。

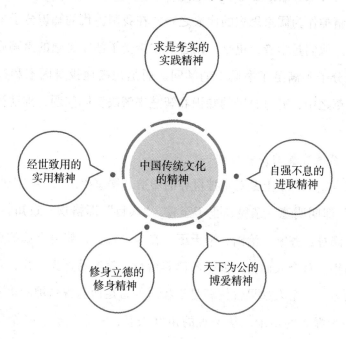

图 1-1　中国传统文化的精神

1. 经世致用的实用精神

"经世致用"这一思想在我国哲学史上占据着举足轻重的地位，它强调的是学问和行动的实用性和现实指导意义。这种思想最早可追溯至先秦时期以孔子为代表的儒家思想。儒家思想探讨的是人与社会的关系，以及如何在社会上实现个人与集体的和谐。孔子生活在春秋末年，这是一个政治混乱、社会秩序崩溃的时代。在这样的背景下，孔子的思想显得尤为重要。孔子强调通过学习和实践古人的文章和行事方式来治理国家。儒家思想不追究世界的本原问题，不进行空泛的思辨，而是关注实际，教导人们如何处理人际关系，如何通过修身、齐家，达到治国、平天下的目的，构建和谐有序的社会。由于具有实用主义的特质，儒家思想在当时具有较强的吸引力和指导作用。经世致用的精神作为儒家思想的代表之一，在我国古代的知识分子中得到了响应。他们是学者，更是行动者。在接受了儒家思想的熏陶后，这些知识分子不满足于书斋中的学问，而是积极地投身国家和社会管理和改革之中，通过自己的知识和智慧来解决实际问题，推动社会的进步。

2. 修身立德的修身精神

修身立德本质上是对精神世界的塑造。儒家提出"三纲""八目"，"三纲"即明明德、亲民、止于至善，"八目"即格物、致知、诚意、正心、修身、齐家、治国、平天下。在当今社会，修身立德的重要性不减当年。对个人而言，如果不修养德行，就容易迷失自我，丧失前进的动力。一个人如果仅仅满足于物质的富足而忽视精神的培养，就容易陷入虚无的境地。从宏观的角度来看，一个民族、一个国家如果失去了共同的道德价值观，那么社会的稳定和发展也就无从谈起。"德"是社会关系的基石，是维系社会秩序和谐、推动文明进步的重要力量。民族精神的培养和社会主义核心价值观的确立都离不开修身立德的实践。

因此，每个人都应当认识到修身立德的重要性，不断地锤炼个人品德、砥砺个人品格。在这个过程中，人们需要时刻反思自己的行为和思想，保持自我监督和自我提升的能力。通过不断地自我完善，在精神层面获得深沉和持久的力量，这种力量能够帮助人们在面对挑战和困难时意志坚定、方向清晰。

3. 天下为公的博爱精神

"天下为公"出自《礼记》中的"大道之行也，天下为公"，这句话的意思是在大道施行的时候，天下是人们所共有的。这一思想强调的是一种超越个人利益，面向整个社会乃至全人类的博爱精神。在"天下为公"的理念指导下，我国古代知识分子提出了"以天下为己任"的精神。这种精神强调个人应将社会责任视为自己的责任，不是仅关心个人的福祉，而是将视野扩展到整个社会乃至全人类的福祉。"天下为公"和"以天下为己任"这两种精神是中国传统文化的核心价值之一。在全球化的今天，这种精神尤为重要。原因是它促使人们关注全人类的共同福祉，努力解决全球性问题，如气候变化、贫困和疾病等。

4. 自强不息的进取精神

自强不息是中国传统文化中的重要精神之一，它源远流长，蕴含着不断追求进步和完善自我的哲理。这种进取精神与我国人民的日常生活、思想行为以及民族性格紧密相连，塑造了中华民族坚韧不拔、敢于面对困难的民族品格。自强不息的精神告诉人们，无论是在物资匮乏还是在精神受到挫折的时候，都应保持坚定的意志，拼搏进取、不懈努力。

从古至今，每一个时代的中国人都在自己的岗位上践行着自强不息的精神，无论是在科学研究、教育培养、经济建设，还是在体育竞技、艺术创作等领域，这种精神都在激励着人们不断超越自我、追求更高的目标。它不仅是个人奋斗的动力，还是推动社会进步的强大力量。

5. 求是务实的实践精神

"求是"的本质就是实事求是、追求真知，这是对世界和自我的真诚态度；"务实"则是在真知的基础上付诸行动，是将知识和理论应用于实际，转化为实际能力和成果的过程。孔子在《论语·为政》中提出的"知之为知之，不知为不知"是对求是精神的最佳诠释。这句话强调了真知的重要性，认为只有当一个人真正理解了知识的真谛时，他才算得上有智慧的人。这种精神要求人们对自己的知识水平有一个清晰的认知，不夸大也不贬低，始终保持客观的态度。这是每一个追求真理的人都应该具备的品质。

在中华民族的发展历程中，求是务实的精神一直是推动社会前进的重要力量。在中国传统文化中，儒家思想、道家哲学、法家理论等都不约而同地强调了这一点。历史上的发明创造、文化传承、社会发展和国家建设无不凝聚着无数先人在求是务实精神指导下奉献出的智慧与汗水。在现代社会，这种求是务实的精神更具现实意义。在信息时代，求是让人们能够在复杂的信息中辨识真伪，保持清晰的头脑；务实则要求人们将这些认识转化为实际能力，解决现实问题，推动社会进步。

二、中国传统文化的特征

（一）统一性

统一是中国传统文化的核心纽带，它不仅仅是政治上的合并，更是文化、思想、价值观的融合。即使我国历史上出现过多次分裂，但统一的理念始终深入人心，如同一条红线贯穿了中国悠久的历史。因为统一使文化得以传承和发展，思想得以交流和碰撞，所以中华文化更加丰富和充实。在统一的大环境下，不同地区的文化和习俗得到了交流和融合，孕育出了独特的文化现象，各种节日、文学、艺术、哲学和科学都在这种环境中蓬勃发展，形成了独树一帜的东方文化特色。

中国传统文化的统一性主要体现在以下几个方面。

1. 文字统一

在秦统一六国之前，诸侯国的分裂导致了各地文化的多样性，其中最为显著的是不同地区的语言和文字也不同。不同的语言文字系统虽然丰富了当时的文化景观，但也给交流与管理带来了难度。秦始皇统一六国后，面对这样的文化多样性，为了加强中央集权、巩固和维护国家统一，实施了一系列的中央集权措施，其中包括对文字的统一。李斯等人在秦始皇的命令下，开始了文字的整理工作，最终确定了隶书作为日用文字，小篆作为标准文字。文字的统一大大促进了国家的统一，原因是统一的文字系统使得法律、政令的传达变得清晰，提高了行政效率；文字的统一也为文化的传承打下了基础，统一的文字成为各地文化交流的桥梁，促进了知识的传播和文化的融合。

在秦朝至今两千多年的发展历程中，统一的汉字大大增强了我国人民的凝聚力，不仅仅有利于文字本身的传承，还是中华文明连续性的象征。统一的文字系统成为不同民族、不同地域间交流的媒介，促进了民族间的理解与团结。更为重要的是，文字统一也是中国传统文化统一性的重要体现。

2. 思想统一

文化的多元性是文化发展的必然现象，而思想的统一并不意味着抹杀差异，而是在多元中寻求共识，建立起一套共同遵守的价值规范，以此凝聚人心、维护社会稳定。中国传统文化的发展历程表明，虽然中国传统文化以儒家思想为主体，但并没有排斥道家、法家等其他哲学思想，反而是在对其吸收和借鉴中不断发展壮大。此外，儒家文化的统一性为我国的家族文化、社会结构乃至国家治理提供了思想基础。在家族文化中，儒家的家庭伦理成为调整家庭关系的重要准则；在社会结构中，儒家的等级秩序和礼制规范了社会成员的行为模式；在国家治理中，儒家的君子理想和政治哲学指导了古代君主的治国方略。

3. 民族融合

民族融合作为一种历史现象和社会进程，有其深刻的内涵和广泛的影响。从人类发展的角度来看，民族融合可以理解为两种含义：一种是乌托邦式的终极理想，即所有民族的差异最终消失，形成一个没有民族界限的人类命运共同体；另一种是更为普遍和实际的历史现象，即不同民族在长期的交往、交流、交融中，不断增进相互间的共性，实现了和谐共处和共同发展。

在多民族国家，尤其是像中国这样有着悠久历史和丰富多元文化的国家，民族融合是历史发展的必然趋势。我国的民族融合历程充分证明了这一点。在漫长的历史进程中，无数民族在这片广袤的土地上交流、互动、融合，共同编织了丰富多彩的中华文明。各民族之间通过战争、婚姻、贸易、迁徙等形式相互影响、共同发展，从而促进了经济的繁荣和文化的交融。中国的民族融合过程对经济和文化的互动起到了推动作用。经济的交流使资源、技术和商品得以在不同民族间流动，促进了生产力的发展；文化的交融则更为深远，不仅包括语言、艺术、宗教、风俗的相互借鉴和吸收，还包括价值观念和生活方式的交织。这种文化交融不仅丰富了我国的文化景观，还增强了民族的凝聚力，巩固、维护了国家的统一。

（二）包容性

中国传统文化的包容性体现在内外两个方面：对内，中国传统文化推动各民族、各地区文化融合；对外，中国传统文化影响周边国家的文化。可见，包容性是中国传统文化得以绵延不断并始终保持活力的重要原因。

1. 推动各民族、各地区文化的融合

我国的多民族共存格局以及地域广阔带来的多样性为中国传统文化的包容性提供了充足的土壤。早在先秦时期，我国各民族和地区之间就已存在频繁的文化交流，这些交流不仅涵盖了语言、艺术、科技等方面，还包括哲学思想与社会制度。在这样的交流中，我国各民族、各地区文化互相借鉴、取长补短，逐渐融合成为一个多元而统一的文化整体。无论是北方游牧民族的雄浑大气，还是南方水乡的细腻柔美，都在中国传统文化的长卷中留下了浓墨重彩的一笔。

2. 影响周边国家的文化

我国在发展历程中，与周边很多国家都有经济贸易上的往来，在经济往来的过程中，彼此的文化也在相互渗透、相互影响。面对周边不同国家的文化，中国传统文化在保持文化本土性的同时，博采众长，不仅影响了别国的文化，还丰富了自身的内涵，增强了自身的生命力。

（三）连续性

中国传统文化的连续性不仅体现在文化的表层特征上，如语言文字、艺术形式等，还体现在文化的深层结构中，即价值观念、社会组织、伦理道德等方面。历史上一些古老的文明，如古埃及、古印度、古巴比伦等文明，虽然辉煌，但都经历了中断，无法形成完全连续的文化传承。中华文明从远古时期发展至今，尽管经历了无数社会变革和朝代更迭，但其文化核心始终未曾断裂，成为世界上唯一长期发展而从未中断过的文化体系。

中国传统文化能具有如此独特的连续性，既有内在因素的影响，又有外在因素的影响。

内在因素指的是中国传统文化自身所具有的特征。统一性和包容性作为中国传统文化两个重要特征，在很大程度上影响着中国传统文化的发展，赋予了中国传统文化强大的生命力，使得中国传统文化能够长时间连续发展。

外在因素主要有以下两点。第一，地理因素。我国幅员辽阔、地势多样，东临大海，西边是青藏高原和大沙漠，北边是高山戈壁，南边是高山峡谷和热带丛林，这样的地理环境为中国传统文化提供了天然的保护屏障。与此形成鲜明对比的是，古埃及、古巴比伦等文明都位于开放的河谷平原上，一旦发生外族入侵，其文化连续性便容易被打断。我国的山脉、河流和广阔的地域不仅在物理上为文化保驾护航，还在精神上成为我国人民心中的坚实堡垒，无论历史如何变迁，总有一块土地可以用来保存和传承中国的文化遗产。第二，血缘关系。在中国古代社会，血缘关系的重要性不仅体现在家族内部，还延伸到了政治和文化领域。张光直指出："在中国古代，文明和国家起源转变的阶段，血缘关系不但未被地缘关系所取代，反而是加强了，即亲缘与政治的关系更加紧密地结合起来。"①血缘与政治的紧密结合反映了中国传统文化的独特传承模式。在西周时期的宗法制度下，家族成员之间的相互依存关系极为紧密，这种制度不仅确定了政治和社会结构，还为文化传承提供了框架。秦汉以后的血缘宗族社会形态则进一步强化了这一特征。家族和宗族成为文化传承的主要渠道，通过家庭教育、宗族活动等方式，中国传统文化中的语言、习俗、信仰和价值观等一代传一代，文化的连续性得到了保证。

---

① 张光直.中国青铜时代[M].北京：生活·读书·新知三联书店，1999：471.

第二节　中国传统文化的思维方式

中国传统文化的思维方式深植于其文化结构的核心，对于理解中国传统文化的本质及创新中国传统文化而言至关重要。这种思维方式与时代精神相结合，可以推动中国传统文化的发展与创新。学界近年来对此有深入研究，大致可总结为以下四个方面。

一、对主客体关系的认识

中国传统文化的思维方式与价值观之间存在深刻的联系。事实上，价值观是中国传统文化思维方式的核心表现，并且这种思维方式又反过来影响价值观的发展。因此，深入剖析价值观对于理解中国传统文化的思维方式具有重要意义。为了更好地理解价值观的本质，需要从主客体关系的角度出发。这一角度的探讨涉及事实判断与价值判断、道德判断与价值判断之间的关系。

（一）事实判断与价值判断

在中国传统文化中，事实判断与价值判断相互联系、相互制约，共同构成了一个复杂的知识体系和伦理系统。事实判断是基于事实和逻辑推理的过程。它强调对客观世界的观察、分析和理解，要求主体拥有一定的方法论和技能，以便对客观事物进行准确的描述和分析。这种判断方式是中国传统文化中科学思维的体现。价值判断则是以主体的价值观为基础对客体进行评价的过程。它受主体的信念、情感、需求和社会文化背景的影响，因此具有较强的主观性和多变性。在中国传统文化中，价值判断常常是以道德规范、社会义务、人际关系和审美标准为准绳。在科学认识领域，事实判断为价值判断提供依据；在道德评价和艺术审美领域，价值判断往往起主导作用。中国传统文化的思维方式倾向于将事实认识和价值评价融为一体，强调在事实基础上寻求道德和审美的价值，反映了中国传统文化中对于和谐与统一的追求。将中国传统文化的这种思维方式运用在具体实践中能够解决如何将事实认识和价值评判相结合以及如何在不同情境下平衡两者的关系的问题。例如，在我国传统的政治哲学中，君子的行为不仅要符合事实的合理性，还要体现出高尚的道德。又如，在我国传统的艺术创作中，艺术家不仅追求技艺的精湛，还注重作品所传递的精神内涵和审美情趣。

（二）道德判断与价值判断

在中国传统文化中，"价值"是一个多维的概念，既包含了客观的社会属性，又融入了主体的需求与期望。价值观念在我国传统社会中主要通过道德伦理来体现，这不仅影响了个体对客观事物的价值判断，又深刻影响了社会的行为规范和价值体系。在具体的实践中，我国传统社会的价值判断体现为对个体行为的道德判断，人们的一言一行都受到道德判断的影响和评价。这种道德判断不仅是个人良知的体现，还通过社会舆论、教育、法律等途径形成了一套规范。这套规范要求人们在行为上做到"扬善去恶"、在心理上追求"驱邪扶正"、在言语上保持"诚实不虚伪"、在社会交往中体现"公正不偏私"。

我国的道德判断还承担了维护社会秩序与和谐的功能。通过道德判断来调整人与人、人与社会之间的关系是中国传统文化的一项重要功能。在我国的历史长河中，无论是家庭的教育、官方的治理，还是文人思想的传诵，都致力通过道德判断来引导人们的行为，形成良好的社会风气。

二、直观与直觉

直观和直觉在本质上可能不尽相同，但它们在思维方式上有着一定的共性，即都带有经验论的特点。因此，在某些情况下，将这两者视为同一类思维方式是合理的。这类思维方式不仅影响着文化的表现形式，还深入文化的内涵和精神之中，使得中国传统文化在认识和解读世界时，拥有独特的视角和方法。

（一）直观思维

直观思维是以以往感官的直接感受或经验判定事物及其发展趋势的一种思维方式，由于该种思维方式用以推测事物未来发展的前提不是普遍的原则，而是个体的直观感受或体验，所以被称为直观思维。[1]古人对宇宙万物的认识追求不单纯局限于文字和理论的阐释，更注重"象"即形象思维的直观把握。直观思维的价值在于它的直接性和个性化。因为每个人的生活体验不同，故而每个人对相同事物的直观感受也不同。这种思维方式允许个体从自身的独特角度出发，构建对世界的独到理解，它强调的是一种主观性与即时性的结合。

直观思维强调感知的直接性，尝试在缺乏逻辑证明和实验方法的情况下，通过整体性的视角把握事物的本质和它们之间普遍的联系。

---

[1]　朱伯崑. 易学基础教程 [M]. 北京：九州出版社，2000：209.

直观思维的积极意义在于其能够帮助人们在复杂现象中迅速寻找到一种意义的整合、一种模式的识别。在某些领域，如艺术欣赏和哲学思考中，这种思维方式显得尤为重要。艺术家和哲学家常常依赖直观思维去把握作品的整体美感或哲学概念的深刻内涵，这是逻辑推理无法替代的。但是，直观思维也存在一定的局限性，即缺乏逻辑体系的支撑，因此在科学研究领域中使用这种思维方式可能不够精确和可靠。当直观思维超出个人经验的范围时，它的局限性尤为明显。由于缺少事实的支撑和逻辑的验证，这种思维方式容易带上神秘主义的色彩，甚至可能走向不可知论。这就要求人们在运用直观思维的同时，必须清醒地认识到其具有模糊性和笼统性，以防止盲目依赖直观思维。

（二）直觉思维

直觉思维植根于个体的知识和经验，使用这种思维方式能够在没有明确逻辑支撑的情况下，快速识别客体的本质及其规律性联系，展现出敏锐的洞察力，实现对事物的直接理解和整体判断。在分析问题和解决问题的过程中，直觉思维和分析思维形成了鲜明对比。直觉思维不需要经过漫长的逻辑推理过程，使用这种思维方式时，往往在一瞬间就能够洞悉问题的核心，做出判断。这种判断虽然基于主体的深厚知识储备和丰富经验，但往往难以用语言准确表达。直觉思维的这一特性使得它在科学、艺术、商业决策等许多领域都成了不可或缺的工具。而分析思维严格遵循逻辑规则，它要求人们将复杂的问题分解为更小的部分，然后一步一步地推理、验证，直至得出结论。这一过程可以用语言详细描述，透明、可验证，这也是传统科学研究的基础。

在中国传统文化的历史长河中，直觉思维如同一颗璀璨的明珠，历经时间的洗礼而愈发闪耀。孟子在《孟子·尽心上》所言的"尽其心者，知其性也。知其性，则知天矣。存其心，养其性，所以事天也"，就是直觉思维的典型体现。这些思想精髓并不追求将对象分解，也不逐步进行逻辑分析，而是倾向于将对象视为一个不可分割的整体，通过经验直接把握其本质，实现主体与客体的合一，从而达到一种"难以言喻"的境界。

中国传统文化中的直觉思维不仅是一种个体的心智活动，还是一种深刻的社会现象。它植根于丰富的文化土壤和历史经验，因此个体直觉的质量在很大程度上决定了个体思维的效果。在我国传统社会，直觉思维的运用广泛而不自觉，它渗透在中国人日常生活的各个方面，包括艺术、文学、哲学，甚至医学。这种思维方式强调的是一种与事物的直接相遇、一种对事物本质的直观感受。我国传统绘画和诗歌就是很好的例子，艺术家和诗人往往凭借直觉把握自然和人生的真谛，而不是通过严格的逻辑分析。

直觉思维在中国传统文化中的运用是一把双刃剑。它提高了人们判断事物的效率，使得文化和艺术在缺乏逻辑证明的情况下也能蓬勃发展。同时，它也可能导致人们对知识的认识停留在表面，人们不会去深入探究事物的内在规律。因此，虽然直觉思维在某些方面具有不可替代的价值，但在追求科学认识和逻辑推理的道路上，它的作用是有限的。

三、类比推理

类比是指通过对两个事物相似之处的观察，推测它们在其他未知领域的潜在相似性，是人们认识客观世界的一种基础方法。类比推理是从特殊到特殊的推理，这种推理的基础是两个事物间存在的相似之处。

在我国传统社会，类比推理作为一种思维方式，被广泛运用于文学、哲学，甚至政治、法律等领域。经过长期的历史沉淀，类比推理已经深深融入中国传统文化之中。类比推理并非严格的逻辑推理。它基于的是不同事物间在结构、特征、功能上的相似性，而这种相似性往往是表面的、现象的，有时甚至是主观臆断的。因此，虽然类比推理能够启发思维、开阔视野，但其结论的确切性和可靠性往往不如严密的逻辑推理。古人在使用类比推理时，往往依赖于直观感受和个人经验，这无疑增加了类比推理的不确定性。

此外，类比推理的结论具有或然性。在科学领域中，类比推理可以提供假设和猜想，对科学探索具有一定的促进作用。

四、比喻和象征

在严格定义下，比喻和象征是类比推理的一部分。之所以比喻和象征被特别强调，是因为这两种思维方式已深深植根于中国传统文化之中，并被广泛应用。这种思维不仅丰富了文化的表达和人们对文化的理解，还成为解析和传达中国传统文化精髓的重要手段。通过比喻和象征，复杂的概念和思想得以用更生动、更易理解的方式传达，从而中国传统文化的深层意义更加明显和易于传播。

（一）比喻思维

中国传统文化博大精深，比喻这一艺术手法和思维方式的使用尤为突出。它通过一个个生动的画面，将抽象的道理和深远的情感传递给后人。《论语》中孔子所言的"岁寒，然后知松柏之后凋也"[1] 便是

---

① 戴楠，任仲才. 论语 [M]. 北京：西苑出版社，2011：121.

一个经典例证，孔子以松柏这一自然界的事物比喻圣贤在逆境中展现的高尚品德和不屈不挠的精神。比喻能够借具体的物象和自然现象来表达抽象的思想情感，这在叙事、说理和抒情过程中尤为有效。比喻的使用让文学作品充满了独特的韵味，增添了诗意的色彩，同时大大提高了人们对文化内涵的理解和感悟。比喻在中国传统文化中的广泛使用也反映出中国人独特的进行沟通交流的方式。比喻不仅仅是一种语言表达的技巧，还是一种深层次的文化交流和情感表达方式。它能够跨越时间和空间的界限，将古人的智慧和情感传递给现代人，让现代人在感受传统文化魅力的同时，能从中获得启迪。

（二）象征思维

象征是指用具体的事物或直观的表象去代表某种抽象的概念或思想情感，这种思维方式在中国传统文化中极为普遍。其中的"象"既包含了自然现象和社会现象，又涵盖了人们通过这些现象抽象出的深层意义。比如，竹子是一种植物，但它在中国传统文化中象征着坚韧和节操；月亮是天空中的天体，但它在中国传统文化中代表着团圆和思念。这种由象生意的思维方式既基于经验性认知，又以意象理论为基础。意象理论认为，人们可以通过身边的事物来理解更为深远的道理。象征思维作为中国传统思维方式的重要组成部分，对中国传统文化产生了深远影响。它不仅引导人们凭借经验领悟自然界和社会中某些现象的深层意境，还促进了人们意会能力的发展。例如，我国古典诗歌中，诗人往往通过对自然景物的描绘表达自己的思想感情，如用"明月"象征思乡之情，用"落花"象征生命的无常。

基于象征思维的象征手法来源于人们的感性直观，但其实质却超越了感性直观。它通过具体的物象来传达思想，但又不仅仅停留在物象本身。在我国古代文人的创作中，物象只是载体，文人真正的目的是通过这些载体表达更加深邃的思想和情感。这种将深层次思想和情感融入自然景象中的艺术手法使中国古代文学作品具有丰富的内涵和深远的影响力。

第三节　中国传统文化元素的界定与构成

一、中国传统文化元素的界定

近年来，中国传统文化如同一颗璀璨的东方明珠，逐渐吸引了全球的目光，并在国际舞台上展现出了它的独特魅力。中国传统文化的核心元素包括深厚的价值观念、宗教信仰、审美情趣和思维方式，这些都是中华民族在漫长的历史长河中积累和沉淀的智慧与精神财富。无论是儒家的"仁爱""礼义"，还是道家的"自然""和谐"，都反映了中华民族对于人生与自然的深刻理解和追求。中国传统文化的内容不仅深藏在精神层面，还体现在日常生活的各个方面，如饮食、服饰、居住和交通等。饭桌上的中式摆盘、衣服上的传统刺绣、古建筑的飞檐翘角、传统节日的习俗与礼仪都是中国传统文化的具体展现。

二、中国传统文化元素的构成

在探索创意和进行设计时，合理地运用传统民间艺术无疑是一条丰富多彩的创意渠道。传统民间艺术不仅能够为现代设计提供灵感和素材，还能够将深厚的文化底蕴和民族特色融入现代设计之中。设计作为一门综合艺术，要求设计师在图形、文字、色彩和编排上进行全面考量，设计出既符合逻辑又具有吸引力的作品，引发观者的情感共鸣。设计不仅是一种视觉艺术，还是一种文化与情感的传达。它必须深植于本民族的文化艺术之中，通过对传统元素的现代诠释，将文化的精髓传递给观者。同时，设计需要触动人的情感心灵，通过视觉语言与消费者建立情感链接。

常见的传统文化元素如表 1-1 所示。

表 1-1　常见的传统文化元素

类　别	元　素
书画	国画、篆刻印章、书法、敦煌壁画等
图案纹样	秦砖汉瓦、甲骨文、钟鼎文、龙凤纹样、饕餮纹、如意纹、云雷纹、巴纹、八卦图案、祥云图案等
民俗	皮影、绣花鞋、老虎头鞋、面塑、年画、荷包、鞭炮、糖葫芦、蜡染、剪纸、风筝、脸谱、对联、舞狮、景泰蓝、玉雕、木雕等
建筑	天安门、长城、雷峰塔、苏州园林、华表、陶然亭等
服饰	帝王的皇冠、皇后的凤冠、唐装等
生活器物	灯笼、鼻烟壶、漆器、彩陶、司南、青铜器、瓷器、丝绸、玉器、罗盘、石狮、花轿、葫芦、筷子、金元宝、烛台、铜镜、长命锁、古钟、鸟笼、竹简、竖排线装书、斗笠、棋子与棋盘、算盘、文房四宝（毛笔、墨、宣纸、砚台）等
其他	京剧、武术、中药、茶、太极、兵马俑、莲花、饺子、月饼、盆景、黄河、长江、井、孝服、竹、牡丹、梅花、纸钱、寿桃等

第二章　现代艺术设计教学概览

第一节 现代艺术设计的基本内容

一、现代艺术设计的要素

设计作为一种创造性活动，既包含设计物，又涉及设计行为。设计物是设计师通过创造性劳动，将材料转化成能够满足人类需求的实用物品或者美观物件。设计物不仅能够实现某一功能，还能够体现设计师对美的追求和表达。设计行为是设计师通过特定媒介，处理人与环境、人与社会的关系，并创造出能够与人们生活紧密相连的设计物的行为。设计行为反映了设计师的思考过程、价值取向和社会责任感。设计师在进行设计的过程中，不仅要考虑如何通过设计来满足人们的生活需求，还要思考如何使设计成为提高人们生活质量的手段。功能要素、形式要素、技术要素和经济要素是现代艺术设计不可或缺的四个方面（如图 2-1 所示）。

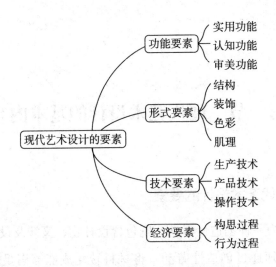

图 2-1　现代艺术设计的要素

（一）功能要素

在现代社会中，设计无处不在，它以其独有的功能性影响着人们的日常生活。总体看来，设计的功能主要包括实用功能、认知功能和审美功能三种。

1. 实用功能

设计的实用功能涉及设计物如何满足人类物质需求的问题，反映在两个方面：一是设计物自身的物质属性；二是设计物作为整体系统在与人的互动中所发挥的作用。

物质属性是设计的基础，它指的是设计物本身的物理和化学性质，如结构、材料和工艺技术等。物质属性决定了一个物品的质量和功能性。例如，设计师设计一个杯子时，不仅要考虑其材料是否耐高温，还要考虑其是否易于抓握、清洗和保温。家庭用的纸杯和不锈钢保温茶杯，虽然功能相同，都是为了装液体，但是由于使用目的不同，它们的设计在结构、材料和工艺技术上有着本质的差别。纸杯侧重于一次性的便捷使用，而保温杯强调长期使用的耐用性和保温效果。设计师在设计时，需要根据具体的使用需求和场景，选择合适的材料和技术，创造出既具备实用功能又符合用户体验的产品。

设计的实用功能还关乎设计物如何在使用过程中与其他要素相互作用，形成一个高效的整体系统。这个系统涉及结构、材料、工艺技术等方面的选择和组合，每个要素都不是孤立存在的，它们必须相互协调、共同作用。在设计过程中，设计师必须从宏观角度出发，理解物品在人们生活中的角色和与用户之间的交互关系，选择适应于特定用途的材料和技术仅仅是第一步。真正的挑战在于如何将这些要素融合成一个协调统一的整体。这个整体不仅要满足人的物质需求，还要考虑人的精神和情感需求。例如，设计师设计一个办公椅时，不仅要考虑其承重和耐用性，还要考虑用户坐姿的舒适度以及该办公椅在办公环境中的美观度和激发工作动力的能力。

2. 认知功能

设计的认知功能是指设计物通过其外在形态与人的感官之间的互动来传递信息，从而影响和提升人的认知过程。设计物通过视觉、触觉、听觉等向人脑传递信息，使人们能够识别和理解设计物的用途、特性以及使用方法。

在日常生活中，设计的认知功能随处可见。例如，交通标志的设计就是一个典型的认知功能应用。交通标志通过特定的颜色和图案来传达交通规则和指引方向。这些视觉符号简洁明了，人们即使处于快速行驶的车中也能迅速识别，能够指导驾驶者和行人的行为、确保交通安全。又如，家用电器上的按钮和指示灯通过不同的颜色和闪烁方式，告知用户设备的工作状态和操作方式，这也是认知功能的体现。

在更广阔的设计领域中，如平面设计和产品设计，认知功能同样发挥着至关重要的作用。在平面设计中，排版、色彩、图形的合理运用可以引导读者的视线流动、传递重要信息、促进信息的传递和理解。在产品设计中，产品的形状、材质和界面布局要直观地告诉用户如何与之互动，如手机的圆角设计既是为了美观，又是为了提醒用户这是一个手持设备，能够舒适地握在手中。认知功能的有效实现不仅能够提升用户体验，还能够避免误用和事故的发生，这在某些关键领域如医疗设备和安全系统的设计中尤为重要。设计师在设计过程中需要深入考虑用户的认知习惯和心理预期，设计出既直观又易于理解的设计物，帮助用户快速准确地把握物品的功能和操作方式，从而提高使用效率和满意度。

认知功能体现在物的象征意味方面。物的象征意味是通过物的符号系统来传达的。具有某种象征、隐喻或暗示功能的符号叫象征符号，物在使用过程中所体现的社会意义、伦理观念等内容是象征符号形成和运用的结果。这种象征功能在人际交流中尤为重要。通过使用特定的设计物，个体能够向外界传达自己的形象和观念，甚至是价值观和信仰。在社会交往中，这些设计物成为一种无声的语言，帮助人们表达自己，也影响着他人对自己的看法和判断。在这个过程中，时代背景、民族文化和历史传统等社会要素都对象征功能的形成和发挥起到了重要作用。在设计过程中，设计师不仅要考虑物品的形式和功能，还要深入理解其可能的象征意义，以及在特定文化和社会背景下这些象征意义的影响力和人们对其的接受程度。通过巧妙运用符号和象征，设计不仅能满足用户的使用需求，还能提升用户的社会认同感，强化用户和社会的互动，并最终影响社会文化的形态和发展。

3. 审美功能

审美功能作为体现设计物与人之间相互关系的高级精神功能要素，通过内在和外在形式唤起人的审美感受。审美感受不仅源于物品自身的功能美和形式美，还源于非功利要素的创造者和使用者的情感体验。

物品的审美价值并不仅仅是由其功能美或形式美构成的。功能美和形式美是审美价值形成的必要条件，但不足以完全概括一个物品的审美功能。例如，一把精心设计的椅子不仅要在功能上满足人的坐着舒适的需求，还要在外观上具有吸引力。这些特性的共同作用激发了使用者的审美感受。设计师的情感投入与纯艺术的创造类似，虽然可能没有纯艺术那样的个性和张扬情感，但在设计过程中，设计师的情感可以赋予产品不同的造型和色彩，能"以情动人"的设计物往往更能引起使用者的情感共鸣。此外，审美功能的建立与使用者的情感认同有关。情感认同的超功利性和直觉性使得审美功能呈现出一种非理性、非逻辑性的复杂状态。设计物不仅仅要在功能和形式上吸引人，还要在情感体验的基础上使使用者做出认同的选择，并在使用过程中深化这种体验。

实用功能、认知功能和审美功能是设计功能的三个维度，它们在设计中不是孤立存在的，而是相互渗透、相互联系的。设计物的这三种功能的倾向和比例因其本质差异而有所不同。以电影海报设计为例，电影海报的主要目的是传达电影的基本信息和吸引观众的兴趣。因此，认知功能和审美功能是首要的。认知功能能够确保观众快速识别电影的主题和风格；审美功能则用以吸引观众的注意力和兴趣，通过视觉元素传达电影的情感和氛围。海报的实用功能虽不是主要的，但要承担展示和宣传的任务。在汽车设计中，轿车设计注重美观和标识，以吸引消费者、反映个性和身份；卡车的设计则更偏重实用功能，以满足工作效率和耐久性的需求。然而，卡车的认知功能和审美功能也不能忽视，它们在营造品牌形象和提高用户满意度方面发挥着重要作用。

虽然不同的设计物在不同功能上的侧重点不同，但不存在只具备一种或两种功能的情况。每种功能都是必要的，只是在特定的设计中，某些功能可能会更加突出。在设计过程中，设计师必须考虑如何平衡所有功能，以设计既实用又符合认知需求，同时能激发审美情趣的产品。

（二）形式要素

形式要素与功能要素相对应，两者的关系实际上就是设计的形式与内容的关系。设计的形式要素是传达设计物各种功能信息最直接的媒介和载体，它受到功能的制约，又对各种功能的发挥起到非常重要的作用。设计的形式要素包括结构、装饰、色彩、肌理。

1. 结构

设计物的结构是其功能和形式的物理体现，可分为内在的物理结构和外在的造型结构两种。内在的物理结构是指物体的内部组成，是由其实用功能决定的。它通常是机械的、有序的，体现了设计的科学性和逻辑性。内在的物理结构应精确、严谨，每个部件都有其特定的位置和功能，正如一辆汽车的内部结构，每个小系统都必须精确地协同工作，以确保整体的正常运行。外在的造型结构则是设计物的外观形式，它直接作用于人的视觉感官。这种结构不仅传递了物品的功能性，还传达了文化和审美价值。它有更大的灵活性，可以根据文化趋势、时代精神或设计师的个人风格而变化。在某些情况下，内在物理结构和外在造型结构紧密结合，甚至成为一体、不可分割。例如，一个简单的瓷盘或一次性饮水纸杯，它们的实用功能直接决定了其外观形态，没有过多的装饰，其简洁的造型既是内在物理结构的直接展现，又满足了外在造型结构的审美需求。

2. 装饰

装饰贯穿于设计的各个方面，是联系物品和使用者感官体验的重要桥梁。在设计领域，装饰的风格主要分为自然风格和人造风格。自然风格的装饰借鉴自然界的元素，如动植物、山水等，通常以写实的方式呈现元素，使用者可以通过直接的感官体验与之产生共鸣。人造风格的装饰则是采用抽象的形式语言来构造，如点、线、面、体的组合创造出的图案，这类设计往往更具象征意义和抽象美。这种风格的装饰不再是对现实世界的模仿，而是凝结了设计师的创意。

设计物的形态创造是一场融合材料、技术、造型手法与文化内涵的艺术实践。它通过具象或抽象的点、线、面、体来承载设计理念，同时受到材料特性和制作工艺的深刻影响。每种材料和技术的使用都会使设计物形成独特的肌理和质感，它们在设计中的运用不仅决定了物品的功能性和耐用性，还影响了人们的视觉感受和情感体验。例如，木材以其天然的肌理、温暖的色调和手工加工的独特质感，常被用来传达亲切和自然的信息，木制家具或装饰品能够唤起人们对自然和手工艺的联想，给人以温馨和舒适的感觉。设计师在创造形态时，会运用各种造型手法，如变化与统一、韵律与节奏、主从与呼应、过渡与均衡、对比与协调、比例与尺度、比拟与联想等，来达到视觉信息传达的目的，创造出既有功能性又有审美价值的设计物品。

在满足功能需求的前提下，装饰是设计中的一个重要环节。它通过材质的选择和工艺的精细运用，不仅美化了设计物，还深化了设计物所承载的文化意义。当设计从单纯的工具转变为文化的承载者时，装饰就成了连接实用与美观、功能与情感的桥梁。

3. 色彩

作为设计中的一个重要元素，色彩不仅直接影响人的生理反应，还影响人的心理感受，从而成为一种强有力的沟通手段。在现代设计实践中，设计师不再是简单地使用色彩作为装饰，而是根据现代物理学、生理学和心理学的研究，精心选择色彩组合，使之在传递信息、激发情绪和塑造环境等方面发挥更大的作用。

色彩是现实世界中不可或缺的元素，它赋予了物体生命力。在没有光的地方，色彩无从谈起，原因是光赋予了物体色彩。当物体接受光线时，根据其物理性质的不同，选择性地吸收、反射和透射光线，人们所见的色彩就是通过这一过程产生的。色彩大致被分类为无彩色系和有彩色系。无彩色系包括白色、黑色和由白色与黑色调和形成的各种深浅不同的灰色，它们没有特定的色相，但在设计中扮演着至关重要的角色。有彩色系则包括了可见光谱中的所有色彩，如红、橙、黄、绿、青、蓝、紫等色彩，它们具有色相、饱和度和明度三个基本属性。色相是指色彩的相貌，是区别色彩种类的名称；饱和度表示色彩的鲜艳程度；明度则描述了色彩的明暗程度。将色彩的三大属性科学有序地整理并系统组合，就形成了色彩体系。这种体系化的色彩排列不仅便于设计师理解和应用色彩，还能帮助设计师在创作过程中做出更精准的色彩选择。色系相当于一本"配色词典"，它为设计师提供了一个广泛的色彩参考体系。这个体系按照特定的秩序将色彩进行排列和组织，使得设计师能够快速寻找和对比不同色彩，从而大大提高了设计中色彩选择和管理的效率。通过色系，设计师可以理解各色彩之间的关系，如互补色、邻近色等，这些都是设计中不可或缺的工具。

色系仅仅提供了色彩的物理属性，就是色相、饱和度、明度这些可以量化的特性。实际上，色彩的应用远比这复杂，它还涉及人的生理和心理反应。

在生理层面上，色彩的波长会影响人们对色彩空间和深度的感知。波长长的暖色调往往在视网膜后成像，会使人产生一种膨胀感；波长短的冷色调往往在视网膜前成像，比波长长的暖色调成像小，会使人产生一种收缩感，影像显得更加清晰。这种现象在设计中有着独特的应用价值。设计师可以利用色彩的膨胀和收缩效果制造错觉，使某些元素在视觉上显得更大或更小。例如，在同等面积下，暖色调可能会让人感觉面积更大，而冷色调给人面积较小的错觉。这一原理可用于平面设计、室内设计甚至城市规划，以达到特定的视觉效果。除了空间错觉，色彩还会引起视觉后像现象，这是指视觉刺激停止作用后，视觉仍暂时留存的现象。这种现象可以被设计师用来创造动态的视觉体验或是在视觉艺术中设计独特的效果。

在心理层面上，色彩能够影响人的情绪和感觉。温暖的色彩可能使人感到舒适和安心，而冷色调可能带来清新或沉稳的感觉。色彩心理学研究的是色彩对人的心理影响，这种影响由客观色彩通过视觉传达给大脑，转化为一系列主观上的心理活动。这种转化不是孤立的，它受到个体经验、社会文化、时代背景等方面因素的影响。设计师可以借助色彩心理学，通过色彩创造联想、激发情感，进而引导和影响用户对设计物的认知和审美体验。

设计师在运用色彩时，必须考虑色彩会对生理和心理产生的影响，以确保设计作品能够正确地传达所想要传达的信息和情感。

4. 肌理

肌理设计是一种表达设计物表面纹理特征的手段，它在设计的形式要素中占据着重要位置。材料的选择和应用是设计实践中的一个基础且关键的环节，它决定了设计物的物理特性、外观肌理以及由此引发的情感反应。不同属性的材料能够带来两种截然不同的肌理效果：自然形态与人工形态。自然形态的肌理源自天然材料的本质特性，如木材的年轮、石材的纹理等，它们具有独特的纹理和质地，无法被人工完全复制。这些天然肌理往往会给人带来亲近自然的感觉，触发人们对自然界的怀念和赞美。相对于自然形态，人工形态的肌理则是通过工业加工得到的，这包括但不限于塑料的模压纹理、合成金属的光洁面、人造皮革的纹理等。这类肌理给人的感觉是更具现代感和科技感，通常与精密、理性和稳定性关联，它们能够传达出设计的功能性。

人工形态的肌理的形成与加工技术密不可分，不同的加工手段能够创造出不同的肌理效果。以铝合金材料为例，铸造工艺能够创造出点状的肌理效果，刨削则能形成一束束的直线肌理，旋削工艺可以产生螺旋状的纹理，而喷砂工艺能制造出类似雾状的肌理效果。因此，在设计物体的肌理表现时，合适材料的选择与恰当的加工方法的运用具有同等的重要性。通过精心挑选材料和技术，设计师能够精确地创造出他们所追求的肌理效果。每一种肌理都能赋予设计独特的质感和视觉效果，从而增强产品的美观性和实用性。通过对材料性质的深入了解和对加工技术的巧妙应用，设计师可以大大拓展设计的可能性，设计出既实用又美观的作品。

综合运用色彩和肌理进行设计，可以使产品或环境带给人独特的情感和心理反应。设计师通过理解色彩的心理效应、肌理给人的直接的感官影响，可以创造出既有功能性又有情感共鸣的设计。例如，使用温暖的色彩和柔软的肌理可以营造出舒适和安心的环境；而使用鲜明的色彩和粗糙的肌理可能给人带来强烈的视觉冲击和活力满满的感觉。

　　肌理的设计需要体现实用功能、认知功能和审美功能，充分满足人的视觉感受、触觉感受和心理需求，从而提高设计物的外在质量和审美价值。

（三）技术要素

　　"技术"一词原本指的是个人的技能、技艺。在手工业时代，技术是个人的手艺，是家庭世代相传的制作方法。随着科学的发展，技术的含义也发生了转变，它开始逐渐脱离基于感性的经验，转而与科学的理性相结合。现代设计中的技术具有很强的科学理性精神。

　　技术是人类掌握和运用自然规律，以实现特定目的、改造世界的知识和能力的集合体，它也体现在人类创造的物质手段中。在设计过程中，技术的作用至关重要。从视觉传达到产品设计、环境艺术设计，都离不开技术。在设计物的动态构建过程中，根据在系统中的位置和表现形式的不同，技术可以划分为三种类型：生产技术、产品技术和操作技术。

1. 生产技术

　　生产技术是制造业的命脉，是将设计从概念图纸转化为实体物品的关键。生产技术涉及的不仅仅是机器和工具，它是生产者运用的知识、能力以及技术设备、工艺流程等所有物质手段的综合。为了将设计意图转化为现实，生产技术必须能够精确地处理各种材料和能源，以生产具有预定结构、形式和功能的产品。这一过程不仅要遵循物理学和工程学的客观规律，还要与设计师的主观意图相协调。

在功能和成本固定的情况下，提升产品价值的唯一途径就是改进生产技术。在现代生产中，成本不仅是指原材料、能源或劳动力的消耗，还包括所有使产品从无到有的投入。因此，生产技术的改进，特别是在不增加额外成本的前提下，已成为提高经济效益的关键驱动力。从这个角度来说，生产技术与功能要素、形式要素成为互相推动的能动性关系组合。

从手工艺到现代工业，生产技术经历了翻天覆地的变化。生产技术的每一次进步，都伴随着人们对物品功能和外观形式的新要求，新生产技术生产出的新设计物又会推动技术的发展，使设计物的功能越来越完善、形式越来越精美。例如，汽车的出现推动了关于动力学、材料学以及制造工艺的研究的发展，这些研究在提升汽车性能的同时，也使汽车变得更加美观，同时，技术的进步又带来了新的设计可能性。过去，某些设计概念因技术限制而无法实现，现在却可以通过高级材料和先进的制造技术成为现实。因此，在设计中，生产技术作为技术要素中的重要组成部分，应当得到设计师充分的考虑，并且设计师应从有效利用现有生产技术和以设计推动开发新的生产技术的角度，来看待生产技术对设计的意义。

2. 产品技术

产品技术指的是物本身的技术性能，是由物的结构、材料的组合所形成的该产品的特殊技术品质。产品技术能够满足消费者在使用过程中所需要达到的目的。以摄像机为例，它不仅仅是一个采录图像的设备，还能够满足用户捕捉和记录生活瞬间的需求。生产摄像机的技术要求高且复杂，包括精密的工序和先进的生产技术。但是，生产技术仅是实现产品技术的手段之一。摄像机的每个组件，如晶体管和电路，都是产品技术的体现，它们必须精确组合以确保最终产品能满足消费者的功能意图，如高清晰度的图像捕捉和快速的图像处理。通常情况下，产品技术与功能要素中的实用功能一致，并共同作用于设计的形式要素和经济要素。

3. 操作技术

操作技术是指消费者用来控制、使用产品的一定知识、经验和能力。设计师必须考虑产品操作的复杂程度，产品操作越复杂，难度越高，越难使消费者满意。如何使操作简单、方便是设计的目标之一。以照相机为例，传统照相机的复杂性通常要求用户具有专业知识和操作技能；相比之下，现代的智能手机和数码相机则大幅简化了操作过程，即便是没有专业技能的普通用户也能轻松拍摄高质量的照片。

技术要素在生产过程中至关重要，它是人类对自然界进行改造的表现。技术的发展可以大大提升物品的使用价值，但技术本身并不直接决定这个价值的大小。技术只有与经济、文化和社会等其他要素相结合，才能发挥其真正的价值。进行技术创新时，生产者和设计师必须考虑到可行性以及消费者对它的接受程度和它在社会中的实际应用。在这个意义上，技术只是价值创造过程中的一个元素，而非全能的决定者。只有在特定的经济和社会背景下，技术才能通过影响生产方式和生产关系，最终促进社会的整体发展和进步。

（四）经济要素

经济要素渗透在设计的每一个环节，从成本预算到材料选择，从生产效率到市场定价，再到消费者的购买力。经济要素对于设计的影响至关重要，使得设计不仅需要满足审美和功能性要求，还需要满足经济效益的要求。有效的设计是指在资源有限的条件下，创造出既符合市场需求又具有经济效益的产品的设计。因此，设计的经济性成为衡量设计综合价值的重要指标。

设计概念将设计过程界定为构思过程、行为过程、实现过程。下面按照这三个过程对设计过程中的经济要素进行分析。

1. 构思过程

构思过程是一种将创造性思维转化为具体设计方案的活动。在这个过程中，设计师不仅要吸收和融合过去的经验，还要预见未来的发展趋势、把握市场动向。其中的经济要素体现在对原有状态的经济价值分析、对市场需求的预测以及对新方案的经济要素评估等方面。

（1）对原有状态的经济价值分析。每个新设计，无论是广告、产品还是建筑物，都不是凭空产生的，而是建立在其前身的基础上。这些前身可能是类似的旧产品、传统观念或现有技术。对这些原有状态的经济价值进行分析是确保新设计能够有效应对市场需求和社会趋势的关键。例如，考虑到成本和生产流程对设计的影响，设计师需要了解在不同成本约束下可以实现的不同的设计范围。高成本可能导致产品定价过高，从而影响市场接受度。同样，生产技术和产量也直接决定了产品的可实现性和可扩展性。除了内部因素，外部环境也起着重要作用。外部因素包括社会经济环境、市场需求、销售策略等因素。例如，在经济衰退期间，消费者可能更偏向于多功能的和较为经济的产品；而在经济繁荣时期，消费者可能更加注重产品是否具有创新元素或奢华的风格。

因此，新设计的成功在很大程度上依赖于设计师对原有状态的全面了解和分析。设计师需要识别和评估原有状态的优势和劣势，以便在新设计中加以利用或改进。

（2）对市场需求的预测。随着技术的进步和消费者偏好的不断变化，市场需求呈现出前所未有的多样性和变化性。因此，确定设计物的设计目标和方向时，设计师必须依据对未来市场需求的科学预测。科学的市场潜力评估和需求调研能够提供关于市场占有率和消费者偏好的重要信息。这些信息对于设计过程中的决策至关重要，它们能够帮助设计师了解产品进入市场后的作用和价值。通过深入分析市场趋势，设计师可以开发出更合理的设计方案，这些方案能够准确地满足未来市场的需求。

（3）对新方案的经济要素评估。新方案的制定不仅涉及成本的增加，还涵盖材料、设备和能源等方面的支出。在设计过程中，高度智能化的投入是不可或缺的，这不仅体现了设计工作的复杂性，还意味着智力投资在新方案的确立和执行中占比较大。这些经济要素与功能要素和形式要素一样，共同决定了设计方案的成败和可行性。

2. 行为过程

设计的行为过程包含设计方案由图纸到投产成为实体的全过程。在视觉传达设计领域，这个过程实质上是将创意转化为实际可见和可感知的产品的实践活动。设计师在构思阶段会仔细考虑与生产相关的诸多因素，如材料的选择、制造工艺的可行性、产品的功能性与美观性以及用户交互的便捷性。但是，设计并非停留在纸面，而是需要通过实际制造和测试来验证。其中，经济要素主要体现在设计物的试产、批量生产和专利保护等方面。

（1）试产。试产是将设计图纸和模型转换成可观的原型的过程。在这一阶段，设计师需要与生产部门共同工作，以确保设计的忠实呈现。这包括对原型的评估和必要的修正，以便最终产品能够获得最优性能和外观。在评估原型时，材料选择、设备配置和能源消耗等因素的考量与产品的功能要素和形式要素同等重要。这些因素不仅决定了产品的性能，还影响着产品的成本效益和对环境的影响。

（2）批量生产。这一阶段，设计师需要考虑与原型生产相同的因素，但规模更大。设计师在这个阶段的角色变得更加复杂，原因是他们必须在保证产品质量的同时，考虑成本投资、管理投资以及最终产品的价格和利润。

（3）专利保护。为了确保设计的独特性和创新性，专利的注册申请和保护成为设计过程中的一个重要环节。拥有专利可以防止他人盗用创意，从而为设计师和企业带来更高的市场价值。因此，设计师不仅需要关注设计本身，还需要了解与专利相关的法律程序，以确保他们的创意得到合法保护。

3. 实现过程

实现过程是指将设计物成功引入市场，实现其综合价值的过程。实现过程是设计过程的关键阶段。这一阶段不是到产品生产完成就停止，而是包括产品从生产到转变为消费者可以购买的商品的全过程。设计师的工作在这一阶段并未结束，他们需要密切关注市场反馈，如销售数据，以评估设计物的表现和消费者的接受程度。其中，经济要素是改进已有方案和促成新的设计方案的基础。

市场反馈是设计实践中的一面镜子，它能够反映出消费者对设计物的功能和形式的评价以及价格所代表的经济要素。当产品进入市场后，消费者的反馈成为评价设计成功与否的关键指标。这些信息包括客户对产品设计的实用性、美观性的满意度以及价格设置是否符合客户的价值预期。有效的市场反馈是一种资源，可用来优化产品设计、调整成本结构以及更准确地预测产品的市场表现。这种反馈可以帮助设计师理解产品在实际使用中的表现，哪些功能受到欢迎，哪些设计元素需要改进。同时，它提供了对产品定价策略的直接反馈，包括消费者对于产品的价格敏感度和支付意愿。通过综合分析销售环节和市场状况的各种经济要素，设计师可以确保设计物的最终价值与在构思过程中所预测的价值一致。

市场反馈给设计师提供了一个重要的机会，让他们可以重新审视设计物的成本、利润和价值体系，寻找更加合理的解决方案来使产品与市场更为匹配。在这个过程中，设计师往往会产生新的设计思路或提出具有本质差异的新设计方案，引领设计进入一个新的发展周期。这既代表了一个设计过程的结束，又代表了另一个设计过程的开始。

将经济要素视为设计中功能要素和形式要素形成的决定性因素，并非夸大其词。设计的本质在于解决问题、创造价值，这一目标本身就蕴含了深厚的经济学意义。设计过程中对经济的考量不仅仅关系着成本和盈利，还影响着设计的方方面面，从材料选择到生产效率，再到市场定位和消费者认可，都与经济要素息息相关。强调设计中的经济因素并不是意图将设计部门塑造成一个掌控全局的万能部门，取代生产部门和销售部门的职能，相反，对经济因素的重视能够使设计师更加清晰地理解设计物从概念到实体的全过程，并在这一过程中与生产、销售等部门更好地配合。在现代设计实践中，设计师这一角色的意义远远超过传统意义上的"创意工作者"。他们工作时需要具备多维度的视角，包括技术、美学和经济等。设计师的基本能力和素质不仅体现在能够创造出既美观又实用的设计物上，还体现在他们对设计物如何在现实世界中实现、如何在市场上取得成功的深入理解和宏观把握。这种能力使得设计师能够在不断变化的市场环境中做出快速而有效的决策，推出符合市场需求且经济可行的产品。

二、现代艺术设计的原则

（一）尊崇"艺术来源于生活"

生活源自自然，艺术源自生活。生活之美在于其多样性，自然之奇在于其变幻无穷，艺术之美则在于它能够体现生活的多姿多彩、自然的变幻莫测。艺术超越了生活。它不是单纯的对生活的模仿，而是一种对生活的提炼过程，在这个过程中，平凡的事物被加工和重新想象。设计师不是简单地复制生活，而是经过选择和提炼，从生活中提取精华。他们从生活的丰富素材中提取有价值、有意义的内容，并运用艺术来对其重新表达，这样设计出的作品反过来又丰富了人们的生活，为人们带来了新的享受。

设计作为艺术的表现方式，绝不是机械地复制生活，而是有选择地捕捉生活中的精髓。在这个提取过程中，每个设计师都必须通过对多种学科的了解、对人们心理活动的洞察，结合自己的经验和对生活的感受，用独特的视角和灵感去思考和设计，从而为人们带来更加美丽、实用的作品。

（二）艺术设计是一个再创造的思维过程

艺术思维被视为思考的高阶形式，是将事物的外在表象进行艺术化的处理过程。设计师在设计过程中的思考正是这种艺术思维的体现。设计师在设计作品时，通过多样的设计思维来展现各种风格和个性。设计思维的运用本质上是一种再创造的过程。设计思维不是静态的，而是一个动态发展的综合性思维系统。在这个系统中，创新思维占据主导地位，设计师在每个阶段都会有目的地追求初期的设计预想的结果。初期的设计预想并不是凭空产生的，而是通过不断的思维碰撞和变换来激发和再创造的灵感。因此，一件设计作品能否得到社会的认可，与它背后的创新思维设计过程密切相关。设计师的思维轨迹是迂回的，他们在追求形式和功能的完美结合时，往往需要跳出常规思维，通过非线性的思维方式来探索未知的可能性。

（三）尊崇文化传统与审美思想

作为社会文化的有机组成部分，艺术设计不仅是一种形式上的创造，还是文化参与和制约下的产物，反映了特定时代的文化面貌。无论是建筑的设计、服饰的设计还是环境的设计，都携带着文化的印记，传递着特定的精神和文化心理逻辑。

历史上，设计与文化的关系总是相互交织的。因此，对传统文化的了解正是对审美传统的认识，对现代设计师而言，传统文化应当是被尊崇的。在中国古典美学中，整体意识强调设计与环境的和谐统一，生态意识提倡设计顺应自然，人文导向着重于设计的人性化，雅俗观关注高雅与大众审美的平衡，多元论鼓励设计的多样性。这些传统美学思想对现代设计的影响是深远的。现代设计师应在继承传统的同时，不断地探索如何将传统元素与现代设计理念相结合，使之成为推动设计创新的重要力量。传承传统审美思想并将其与现代意识相结合本身就是现代设计原则的重要组成部分。

（四）尊崇艺术设计的发展趋势

随着人类文明的飞速发展，现代艺术设计不再单一地追求传统理性主义的设计风格，而是转向了多样化、个性化的创作方向。当代设计已经表现出了文化化、多样化、大众化和个性化的风格特征。在经济全球化的大背景下，现代设计思维必须注重灵活性和多变性。在动态变化的模式中寻求创新已成为艺术设计的主要发展方向。现代设计师应顺应时代发展的脉搏，要满足人们的物质需求，更要充分考虑人们精神层面的追求，将设计作为生产与消费之间的桥梁，充分发挥其内在的魅力。

经济和文化在进步和发展，人们的生活方式也在发生变化，设计同样在适应这种变化。艺术设计思维不能局限于艺术领域内部的研究，而应该立体化、开放性地进行探索。尤其是在信息化社会的今天，艺术设计的形式更加多样。要发展设计思维，设计师就要掌握各种思维形式的特点，遵循艺术设计的基本原则，培养能够适应不同设计思维形式的能力。

三、现代艺术设计的思维

艺术设计思维是设计师在创作过程中所展现的一系列心理活动，包括对生活的观察、体验、分析以及对直觉、灵感、意象和想象力的运用。它涉及从素材选择到设计整合的全过程，最终形成一个完整的艺术设计形象。思维是人脑对客观事物本质属性及其内在规律的概括的和间接的反应。它是人类理性认知活动的一部分，使人们能够认识客观现实世界、构想未来，并应对现实环境。在艺术设计领域，这种思维形式尤为重要，原因是设计本身就是一个将客观内容转化为主观表现的过程。现代艺术设计强调理性和创造性的结合。设计师在面对设计任务时，不仅需要有敏锐的判断力和决策力，还需要有鲜明的艺术视觉思维。当前，设计已不再是单一的技术活动，它融合了艺术性和技术性，追求个性化和不可预知的审美理念与价值。

（一）设计思维的特点

1. 源于生活的认知与体验

作为设计师，掌握艺术和设计的知识是基础，精通技术是前提。然而，知识和技术只是工具，真正的设计力量源自对生活的深刻理解和体验。每个人的知识结构、智力结构和具体能力之间的差异造成了思维结果的不同。在设计元素的使用上，人与人之间可能没有太大的区别，关键在于如何体验生活、融入生活以及从生活中提炼出独到的认知和体验。如果思维被限制在常规的框架内，设计师就难以拓展新的思路，更不用说在设计中赋予物品新的性质和内涵。因此，设计师要提升设计思维的深度和广度，不仅仅要通过知识的增加和技术的积累，还要通过深入生活、观察生活、感悟生活来实现。从事艺术设计的设计师需要深刻体会生活中蕴含的精神和物质内涵。生活中的每一个细节都可能成为创意灵感的源泉。设计师要有敏锐的观察力，能够及时发现这些细节，总结、归纳并提炼出可用于设计的素材。

2. 与人们的心理活动密切相关

设计思维是一种心理过程，它涉及对现实世界的观察、分析和提炼，并通过间接方式概括现实生活的规律。心理学作为研究人类心理活动规律的科学，对设计领域的影响重大。设计活动和实践都是在心理活动的调节和指导下完成的。设计师的思维过程实际上是对多种心理活动的应用，包括感知、记忆、想象、判断和问题解决等。从心理学角度深入理解设计思维的特点不仅能够促进设计师与生产者、消费者之间的沟通，还能够显著提高设计工作者的设计效率。掌握心理学原理能够帮助设计师更好地了解用户的需求和期望，从而设计出更贴合用户心理的产品。这种理解还能够帮助设计师在面对问题时从不同的角度进行思考，拓宽设计思路，从而创作出更具创新性的设计作品。

3.涉及多种学科与知识的交融

设计思维的广度体现为设计过程中对多学科知识的运用和整合能力。艺术设计不仅仅是一种视觉艺术的表达，还是一个系统工程，涉及多种学科和领域的知识。艺术设计的本质在于创造性地解决问题，这需要设计师有能力将艺术素养与其他领域的知识如环境保护、传播学、心理学和历史学等相结合。一个成功的设计师不应该局限于自己专业领域的知识，而应该注重扩展其他领域的知识积累。这种跨学科的知识背景能够为设计师提供更广阔的视角，使设计师的设计思维更加开阔且具有创新性。

（二）艺术设计思维的方式

艺术设计思维的方式有很多，可归纳为以下几类（如图2-2所示）。

图2-2　艺术设计思维的方式

1. 逆向思维

逆向思维是一种颠覆常规、开启新天地的思考方式。这种思考方式促使设计师抛弃传统的直线思维，走出思维的舒适区，从而获得更广阔的创意空间和更深刻的洞察力。

当设计师运用逆向思维时，他们首先会考虑与常规相反的可能性。例如，在设计一件日常用品时，他们可能会考虑如果一切与现在相反会怎样，如何将功能性与美学反向融合，或者如何通过反常规的形态创造出令人耳目一新的产品。逆向思维允许设计师将两个看似对立的概念融合，从而产生新的想法。这种思考方法能够简化复杂问题，将具象思维抽象化，用全新的视角看待问题的本质和目的。在艺术设计中，这种思维方式尤为重要，它能够帮助设计师跳出传统的框架，创造出既具有视觉冲击力又能传达深刻信息的作品。

2. 发散与聚集的思维

发散思维能够使设计师思路活跃，提出大量解决方案、创意和构思，从而为设计和问题解决提供丰富的素材。在发散思维的推动下，设计师可以从功能、结构、形态等方面自由探索，这种无拘无束的思考模式是创造性的源泉。与发散思维的多彩多姿形成鲜明对比的是聚集思维，它更像是一束聚焦的光线，能够通过比较分析，从众多可能性中筛选出最佳的解决方案。聚集思维注重的是普遍性、稳定性和持久性，是掌握和应用规律的重要手段。发散和聚集这两种思维方式在艺术设计中能够相互补充、转化和融合。发散思维带来的独创性、灵活性和变通性可以突破传统思维的束缚，拓宽设计师的思维边界，使其触及前所未有的创意高度。而聚集思维确保了这些创意能够落地，转化为实际可行的设计方案，这是创新过程中的重要一环。

3. 转移与移位的思维

在今天这个充斥着无数声音和形象的世界，传统的思维模式已不足以让人们的产品或创意脱颖而出。常规的思维往往将产品或服务局限于其基本的功能性，而忽略了在现代社会中，人们对于新鲜体验和情感价值的渴望。要想打破这一局限，设计师就需要进行思维上的转换，运用转移思维，为产品寻找全新的定位。移位思维则要求设计师超越自我局限，将自己置于用户或受众的位置上，从他们的视角出发考虑问题。这种思维模式的应用在设计领域尤为重要。不同的对象和受众群体有着不同的需求和期待，理解并把握这些需求和期待是设计成功的关键。设计师需要具备同理心，能够深入洞察不同受众的心理，了解他们对于问题的看法和态度，进而创造出能够触动人心的设计作品。

在实践中，设计师可以运用转换思维来重新定义产品或服务的内涵。例如，手表品牌可能会将其产品定位为一种身份的象征和时间的艺术，而不只是简单的时间显示工具。设计师也需要借助移位思维，从用户的角度出发，深入研究他们的生活方式、价值观念和消费行为。例如，针对忙碌都市人的快节奏生活，设计师可以设计一系列旨在使人快速放松和恢复活力的产品，这种产品不仅仅能够满足用户对功能的需求，还能够满足用户对生活质量的追求。

4. 灵感思维

灵感，或称为顿悟，是一种复杂的心理现象，常带有偶然性和突发性的特征，因此在思维形式中具有一种奇妙的神秘感。灵感的出现并非纯粹的偶然。实际上，灵感的产生是一个复杂的过程，涉及经验的积累、联想的升华以及信息的诱导等因素。这是一种厚积薄发的思维形式，是在长时间的沉淀和思考之后，由某个刺激或触发点所引发的思维的爆发。历史上有许多例子显示了灵感的这种特性，古代画家看到竹影映照在窗纸上，顿时洞悉了墨竹画法的神韵；伏羲观察到白龟背上的纹路，由此推演出八卦。这些都不是一蹴而就的发现，而是在长期的思考和积累之后，通过某些外部因素的刺激而达到的思维飞跃。在艺术设计领域，灵感的作用同样重要。设计师的灵感往往来源于其长期的生活体验、艺术修养和不断的思考。那些在脑海中盘旋的看似杂乱无章的思绪，在某个特定时刻，可能会因一个暗示、一个形象、一段音乐或一次对话而突然得到升华，从而让灵感如潮水般涌现。

5. 创新思维

这种思维方式强调打破惯性思维，通过直观、感性和想象力的融合激发出新方法和新途径，旨在超越既有的理念和框架。设计师在整合设计思维理念的过程中，必须不断地进行变化和转换，将新理念优化并融入设计之中。艺术创新思维中的想象力、直觉和感性认知是设计师不可或缺的工具。它们是设计师探索未知、创造新事物的动力源泉。想象力可以帮助设计师突破实际存在的限制，创造出超越现实的作品；直觉能够让设计师迅速抓住设计的核心，捕捉那些微妙的、常人不易察觉的美学要素；感性认知则能够在设计师与作品之间建立情感的桥梁，让设计作品能够触动人心。为了在设计中取得成功，设计师必须大胆地进行创新联想，发挥艺术的想象力。

四、现代艺术设计的创意

在现代艺术设计中，创意是核心元素，代表着创造新意和打破常规思维的能力。它不仅是艺术表达的基石，还是推动设计创新的动力。

（一）现代艺术设计创意激发的方法

现代艺术设计中激发创意的方法多种多样，以下是几种常见的创意激发方法。

1. 头脑风暴法

头脑风暴法又称"智力激励法"，是一种提高创造能力的集体训练方法，旨在激发团队成员间的思想交流和创新。要运用这种方法，就需要先组织一个团队，组织团队成员针对特定议题展开深入分析。在这个过程中，每个人都被鼓励大胆表达自己的观点和建议。头脑风暴法的优势在于它的包容性和多样性。它不仅鼓励每位团队成员发声，还促使团队成员理解和考虑不同的观点。这种方法有助于团队成员突破个人的思维局限，探索更广阔的可能性，从而在集体智慧的帮助下，找到更好的问题解决方案。

头脑风暴法的流程如下（如图 2-3 所示）。

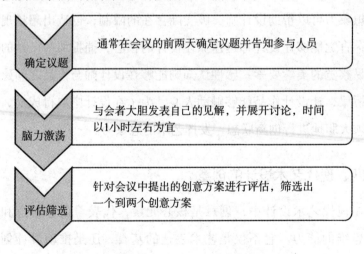

图 2-3　头脑风暴法的流程

　　为了营造良好的讨论环境，促使更多创意的产生，采用头脑风暴法时，往往需要遵守以下三个原则。

　　（1）自由畅想原则。要遵守自由畅想原则，鼓励团队成员在头脑风暴中解放思想、畅所欲言是关键。这种自由思考的环境有助于团队成员跳出传统思维框架，突破常规经验的局限。在这样的氛围中，即使是最初看似荒诞不经的想法，也会被视为创新思维的重要组成部分。这些大胆、非常规的想法往往是创新解决方案的源泉。这种开放的思考方式有助于团队成员在相互碰撞的思想火花中找到创新的突破口，从而为问题的解决带来更多元和有效的途径。

　　（2）延迟评判原则。延迟评判是头脑风暴法中的一个重要原则，它强调在整个头脑风暴过程中，对于团队成员提出的任何想法都不应立即进行评判或批评。这种做法的目的在于创造一个自由、开放的讨论环境，让参与者能够毫无顾虑地分享自己的想法。如果在头脑风暴过程中就对想法进行评判，这不仅会打断会议的连贯性，还可能导致团队成员之间产生不必要的紧张气氛。这种紧张感会影响团队成员的思考和表达，使得他们在提出想法时过分谨慎，从而限制了创意的自由流动。此外，由于评判往往带有主观性，不一致的评判标准可能会引发困惑和不满，进一步影响团队的协作和创新能力。在头脑风暴法中，一个压抑的环境会严重阻碍团队成员思考和讨论的积极性，从而削弱头脑风暴的效果。因此，对于所有的想法和创意，都应该在头脑风暴结束后，再进行有组织和有目的的评判。这样，团队成员可以在没有压力的情况下自由发散思维，而评判可以在事后以更加客观和全面的方式进行，确保从众多想法中挑选出最佳的解决方案。

　　（3）数量保障质量原则。事物的发展存在两种状态：量变和质变。量变指的是事物数量或程度的逐渐的、不显著的变化，而质变是指在一定条件下，量变积累到一定程度导致的事物性质的根本变化。这一规律在头脑风暴法的实践中也同样适用，尤其在创意的生成过程中。

在头脑风暴过程中，当提出的想法的数量增加时，创造性的想法也相应增多。每一个看似简单或不成熟的想法都可能是通往创新路径的一块垫脚石。随着想法的积累，这些单个的、量变的想法有可能互相激发、结合，最终催生出创新的、质变的解决方案。因此，在使用头脑风暴法时，鼓励团队成员畅所欲言至关重要。每个人的思想都是独特的，而在这种多元思维的碰撞中，更能产生突破性的创意。团队组织者应收集和尊重每一位团队成员的想法，无论这些想法看起来多么平凡或不切实际，都可能成为引发质变的关键因素。

2. 超序联想法

人类生活在一个有序的世界中，这个世界由各种有序的元素组合而成，无论是时间、空间还是功能方面，都体现了一种秩序。在这种有序的背景下，人们的思维活动往往遵循着某种有序的规律。然而，对于设计师来说，这种有序的组合只是设计思路的一部分，而非全部。真正的创新往往源自对常规有序组合的打破以及对新思路和新空间的探索。

设计师在其工作中经常需要打破传统的时间序、空间序和功能序的限制，寻求突破性的创新。这种打破常规的思维方式被称为"超序联想"。运用这一方法时，设计师通过联想，将看似毫不相关的事物结合起来，从而创造出惊人的创意构想。人类的大脑中储存了大量关于客观事物的表象印象。这些印象并非相互孤立的，而是通过联想相互联系。当某个印象被唤起时，它可能同时唤起与其相关的其他印象，从而形成一系列的联想。这种联想过程就像转动万花筒，每一次转动都会产生新的、独特的图案组合。同样，在设计领域中，通过将不同的印象和元素进行创意性的组合，设计师可以得到无限的创意联想。例如，汉字和建筑看似没有直接联系，但是当这两个元素通过超序联想结合起来时，就能够创造出一种全新的、富有创造性的设计理念。

在实践超序联想的过程中，设计师需要具备开放的思维和丰富的想象力，不断地拓宽视野，学习和吸收不同领域的知识，也需要勇于尝试和实验新的想法。

3. 二元坐标法

二元坐标法是指将两组不同的事物或者一个事物的两个方面放置在一个直角坐标系的 x 轴和 y 轴上，然后对它们进行交叉组合的方法。

在实际应用中，设计师先在 x 轴上列出一组事物，如建筑、文物、书法、音乐等；接着在 y 轴上列出另一组事物，如衣服、背包、瓶子、雨伞等。这两组事物可以是完全不相关的，甚至是看似无法结合的。然后，设计师将 x 轴和 y 轴上的各个事物相互连接，探索它们之间可能的组合。这种交叉组合的过程可以激发出许多创新的想法。例如，将建筑与衣服相结合，可能会启发设计师设计出一种新型的、有建筑美感的时尚服饰；将书法与瓶子结合，可能会启发设计师设计出具有书法元素的装饰瓶；等等。每一次组合都是对常规思维的挑战，能够带来意想不到的成果。

4. 六顶思考帽法

六顶思考帽法是指用六顶颜色不同的帽子代表不同的思维模式，每个代表某一顶帽子的人在某一个时间段内，都只按照一种思维模式进行思考，详见表 2-1。

表 2-1　六项思考帽的含义

帽子颜色	含　义
白色	白色帽子代表着中立和客观，所以代表白色帽子的人的关注点是各种客观的事实和数据
红色	红色代表着热烈的情绪，所以代表红色帽子的人可以从主观情感的角度提出想法
黄色	黄色代表着事物积极的一面，所以代表黄色帽子的人要尽可能从积极的一面提出想法
黑色	黑色代表着逻辑上的否定，所以代表黑色帽子的人要尽可能挖掘事物消极或否定的一面
绿色	绿色代表着生机，所以代表绿色帽子的人可以大胆提出各种新的想法
蓝色	蓝色代表着冷静，所以代表蓝色帽子的人应掌握全局，同时监管其他各种颜色的"帽子"，起到指挥棒的作用

思维的复杂性是人类智慧的体现，但在某些情况下，过分复杂的思考也可能导致混乱和效率低下。为了克服这一问题，六项思考帽法被提出来，旨在简化和引导思考过程。这种方法以六种不同颜色的帽子来代表不同的思维模式，帮助人们在特定时间内专注于一种特定的思考方式。在实际应用中，当参与者戴上某一颜色的帽子时，他们就只按照该帽子代表的思维方式进行思考。这种方法的优势在于它可以避免思维的混乱和多线程的思考模式，使人们能够更加集中和深入地探索特定的思维领域。

（二）现代艺术设计创意的实现过程

现代艺术设计创意的实现以目标的确定为起点，以创意的获得为终点，大致经过五个阶段，即目标确定阶段、资料收集阶段、创意酝酿阶段、创意形成阶段、创意完善阶段。

1. 目标确定阶段

确定设计目标是设计流程的首要步骤，它能够为整个设计过程提供方向和目的。设计师的需求往往是基于对市场状况的深入分析而提出来的，这涉及对目标用户、市场趋势、竞争对手以及技术可能性的全面考量。一个明确、合理的设计目标不仅能引导设计师工作的方向，还能激发他们的创造力和热情。设计目标的设定应当既具有挑战性，又具有可行性。当目标设定得较为困难时，设计师通常会感受到更强烈的动力，这有助于激发设计师的创造潜能，推动他们产出更优秀的设计作品。然而，过于艰巨的目标可能会适得其反，使设计师感到沮丧和挫败，影响其创作热情和效率。因此，找到平衡点至关重要。此外，目标的确定不应是盲目或随意的，而应是多方面分析和论证的结果。

2. 资料收集阶段

资料收集阶段的目的是在明确设计目标的基础上，搜集与项目相关的各类信息和素材。对于设计师而言，这一阶段不仅是知识积累的过程，还是思维发散和创意孵化的关键时刻。资料的收集应该尽可能详尽和全面。这包括但不限于市场趋势、用户需求、竞争对手分析、技术进展、材料探索、历史案例等。通过广泛的信息搜集，设计师可以获得更深入的行业洞见，更好地理解目标用户的需求和期望，也能够发现可能的设计灵感和创新点。

收集到资料后，设计师需要对其进行有效的整理、分析和归类。这一过程有助于设计师从大量信息中提炼出关键点，形成清晰的设计方向。整理后的资料应当清晰、逻辑性强，易于在设计过程中随时查阅和使用。此外，收集资料的过程是一个思维发散的过程。在这个阶段，设计师应保持开放的心态，积极探索那些看似与项目不直接相关的领域。

3. 创意酝酿阶段

在创意酝酿阶段，设计师面临的主要任务是如何萌发更多创新的想法。这个阶段的挑战在于找到恰当的方法来催化创意的诞生，这通常需要设计师根据项目的具体情况和个人的经验进行选择。然而有时，即便运用了各种方法，设计师仍可能遇到困境，感觉无论如何努力都难以产生令人满意的创意。这种状态下的设计师应当适当进行放松，放松的状态有利于打开思维的限制，创造一个更加开放和灵活的思考环境。在这样的环境中，设计师的思维会更自由，设计师会更易于接受新的刺激和灵感。有时候，正是在这种不经意的放松中，一个偶然的观察、一段突发的联想或一个意外的灵感就可能成为打破僵局的关键，带来全新的视角和创意。

4. 创意形成阶段

创意的形成可能是一种突然的迸发，也可能是经过逐步递进和反复思考的结果。不论是哪种方式，创意通常是在经过一定的酝酿和思考后形成的。这个阶段可能涉及对前期收集的资料的再次深入分析，或是对初步想法的持续迭代和完善。

5. 创意完善阶段

这一阶段的重点在于对已形成的创意进行深化和细化。设计师需要根据创意原则和设计目标对创意进行必要的补充和调整，确保其更加贴合项目的需求和目标。创意的完善不是一个孤立的过程，而是一个动态和迭代的过程。设计师需要不断地评估创意的有效性，考虑各种可能的实施方案和变化因素。

第二节　现代艺术设计教学的内涵与特征

一、现代艺术设计教学的内涵

艺术设计从内涵上说就是从技术的、经济的、社会的、文化的角度出发，以功能效用与宜人性为目的，利用一定的物质材料和工艺技术，运用一定的艺术手段，按照美的规律进行构想、筹划，使之转化为具有特定使用功能、外在形态、人机关系以及文化意味的实用品的创造性活动。艺术设计活动涵盖了人类生活的方方面面，从衣、食、住、行每一个细节出发，旨在提升生活品质。这种设计是在满足实用性的基础上，进一步追求审美价值的最大化的设计，涉及的不仅是实用品的功能性设计，还包括了观赏品的审美创作。在艺术设计过程中，设计师需要充分理解和分析特定的设计目的以及实现这一目的所需的各项条件和资源，然后进行创造性策划和布局。

艺术设计是一门集多种学科特性于一体的领域，涵盖了产品造型设计、视觉传达设计和环境艺术设计等多个重要分支。艺术设计类学科教学和其他学科的教学活动不同。从教学媒介的角度来看，艺术设计的学习和创作过程较为依赖主观性和创造性。在这一领域内，作品的创作不仅仅是对技术和规律的应用，更是情感和想象的综合体现。在艺术设计教学过程中，教学媒介往往充满了情感元素，通过将感性的元素引导至理性秩序，同时将固定、明晰的理性结构融入感性内容中，创造出既具有形式美感又充满情感内涵的作品。从教学目的的角度来看，艺术设计专业的核心在于培养学生的视觉感受力、空间想象力、动手能力和设计能力。更重要的是，它注重提升学生的审美能力和创造性思维能力。从教学方法的角度来看，艺术设计类学科的教学活动区别于一般教育形式的理智性灌输方法。在这里，教师对学生的引导更多的是基于情感的引导，而非单纯的知识传授。这种基于情感的教学方法能够激发学生的情感参与，促使他们去深入感悟、体验、鉴赏和创造。

艺术设计与社会经济之间存在着一种密不可分的关系。社会经济是艺术设计的基础，艺术设计要为社会经济的发展服务。历史上，经济发达的时期往往艺术文化也很兴盛。艺术设计之所以在这样的时期中得以繁荣发展，是因为经济的繁荣带来了更高的社会需求和审美追求。这一方面表现为市场对艺术设计作品的需求增加，另一方面则是人们对生活质量和审美层面要求的提高推动了设计师追求更高水准的艺术设计。艺术设计的每一次飞跃和进步都与社会经济的高度发展密不可分。社会经济的繁荣带来了对美的追求和物质的支持，也带来了思想和观念的大解放，为艺术设计的创新和应用提供了无限的空间。艺术设计本身也能够促进社会经济的进步。作为艺术与技术的结合体，艺术设计也是一种推动社会进步的生产力。艺术设计的进步得益于人类对美的不懈追求。无论是个人还是社会，美的追求始终贯穿其发展历程。艺术设计通过满足这种追求，激发创新的火花，推动技术的发展，进而带动经济的增长。此外，艺术设计的价值不仅体现在精神层面的愉悦，还能够改变人们的生活方式。通过将理念和目的具象化，艺术设计成为人们经济活动的前置过程，为经济建设活动提供艺术化的策划和规划。这种策划和规划不仅仅关乎美学，更关乎效率和发展，它们往往具有前瞻性，引领社会潮流和经济发展。

现代艺术设计教学作为培养未来艺术设计界领袖的摇篮，它的宗旨是将理论知识的传授、设计意识的培养、方法技能的训练和创新素质的养成相结合，以此培育出能够在艺术的设计、创作、教学、研究、生产和管理等领域中胜任工作的专业人才。

从狭义上看，现代艺术设计教学主要聚焦于专业技能和理论知识的传授。这种教育方式侧重于基本理论的学习、基础知识的掌握以及艺术设计能力和设计意识的培养。经过对艺术设计方法和技能的系统训练，学生能够成为具备创新素质和持续发展潜力的专业人才，能够在艺术的设计、创作、教学、生产和管理等领域胜任工作。从广义上看，现代艺术设计教学远不止于对专业知识和技能的传授。它是一种全方位的教育，关注的是学生个人的全面发展。它建立在感性与理性协调发展的基础之上，不仅注重培养学生的审美能力和创造力，还强调科学素养、文化素养的培养。现代艺术设计教学应该是一个涵盖现代工业生产和传统工艺美术生产中的设计活动的艺术内涵、科学内涵、文化内涵的综合体。

二、现代艺术设计教学的特征

（一）鲜明的时代特征

现代艺术设计教学具有鲜明的时代特征。它诞生于18世纪工业革命的社会背景之下，是随着工业化和现代化进程的推进诞生的。在这一时期，艺术设计不再局限于传统手工艺的范畴，而是转向了以工业化批量生产为基础的现代设计。在这样的背景下，现代艺术设计教学诞生了，并迅速发展，反映了现代社会对于设计专业人才的迫切需求。

（二）较强的实践性

现代艺术设计教学的实践性较强。这种教育注重理论知识的学习，还重视将知识应用于实践中去。学生可通过实践项目、工作坊、实习等方式，将所学的设计理论和方法应用于实际的设计活动中，不断提升自己的设计实践能力和解决实际问题能力。

（三）注重创新能力的培养

在当今快速发展的社会中，创新已成为设计领域的核心竞争力。现代艺术设计教学鼓励学生开拓思维，培养创新意识和创新能力，不断探索新的设计理念、方法和形式。进行现代艺术设计教学的教师通过创新教学方法和课程设置，激发学生的创造力，为其未来的设计职业生涯奠定坚实的基础。

第三节　现代艺术设计专业分析

一、现代艺术设计专业的培养目标和所要求的基本素质

（一）培养目标

现代艺术设计专业旨在培育全面发展的人才，不局限于专业技能的精进，还包括德、智、体、美等方面的均衡发展。它强调宽口径、厚基础、高素质、强能力。宽口径、厚基础指的是学生不仅要掌握设计专业的核心技能，还要具备广泛的知识储备，对不同领域都有了

解。高素质、强能力指的是学生需要学会如何将创新思维应用到实际的设计项目中，以及如何将理论知识转化为实践操作。

此外，现代艺术设计专业的培养目标还强调良好发展潜能的重要性。教育不仅仅是为了当前的职业需求，更是为了学生未来的长远发展。设计专业的学生应该能够适应经济和社会的发展需要，在艺术教育、设计、生产等各类企事业单位中发挥重要作用。

（二）基本素质

1. 思想政治素质

热爱祖国，拥护中国共产党的领导，掌握并努力实践马克思列宁主义、毛泽东思想、邓小平理论、"三个代表"重要思想、科学发展观、习近平新时代中国特色社会主义思想；树立正确的世界观、人生观和价值观，愿为社会主义现代化建设服务、为人民服务，有为国家富强、民族昌盛而奋斗的志向和责任感；具有敬业爱岗、艰苦奋斗、开拓创新、遵纪守法、团结合作的品质；具有良好的思想品德、社会公德和职业道德；等等。

2. 业务素质

一个优秀的专业人才应该能够系统地掌握本专业的基础知识、理论和技能，并且密切关注相关专业理论前沿和发展动态。这种素质不应局限于本专业领域，还应拓展到相邻专业，以适应多变的工作要求。此外，具备外语能力和计算机技能也是必要的，它们是在现代工作环境下进行沟通和处理信息的重要工具。同时，拥有科学研究和实际工作的能力以及持续发展的潜力是专业人才应有的业务素质。

3. 文化素质

专业人才不仅需要具备本专业的知识和技能，还应具备人文社会科学、自然科学等领域的基础知识。深厚的文化修养和高尚的审美意识能够使专业人才在工作中展现出更全面的人格魅力，提升专业人才创新和审美的能力，从而使其在专业领域中更加突出。

4. 身心素质

具有一定的体育和军事基础知识，掌握科学锻炼身体的基本技能，养成良好的体育锻炼和卫生习惯，受过必要的军事训练，达到国家规定的大学生体育和军事训练合格标准；具备健全的心理、健康的体魄和良好的文明行为习惯，能够履行建设祖国和保卫祖国的神圣使命。

二、现代艺术设计专业课程体系建设

课程建设作为教学基本建设的核心，直接关系到人才培养目标的实现。高素质、高质量的创新人才的培养离不开系统化、科学化、现代化的课程体系。目前，现代艺术设计发展迅速，涵盖了工业设计、环境艺术设计、视觉传达设计等领域，与人们的工作和生活紧密相连。因此，现代艺术设计教学的课程体系必须跟上时代的步伐，从传统的偏重艺术的课程设置转变为艺术与技术并重的教育模式。随着我国产业的快速发展和逐渐国际化，现代艺术设计教学需要不断自我更新，以保持与现代制造业发展的同步。

我国高校现代艺术设计专业课程体系主要有以下几种类型。第一，以研究生教育为主导的重视设计理论教育的课程体系。它通常由学位课程、指定选修课（针对特定研究方向）、任意选修课以及实践环节构成，旨在培养学生深厚的理论基础和研究能力。第二，以本科教育为主导的，培养具有创新精神和实践能力的高素质应用型设计人才课程结构体系。这种课程结构体系通常包括公共必修课、专业主干课、实践性课程、专业必修课、专业选修课和公共选修课，旨在培养学生全面的专业素养和实际操作能力。第三，以高等职业教育为主导的，通常对专业实行细化，明确界定专业或专业方向，各自形成独立的课程系统，相互关联较少的课程体系。这种课程结构由公共必修课、专业基础课、专业技能课和专业理论课等组成，强调"职业性、岗位性、实践性和实用性"的特点，以适应具体职业岗位的需求。目前，我国现代艺术设计专业尚未形成统一的课程标准和尺度，各高校在课程体系建设上主要依据总结自身的经验、互相借鉴以及考虑本地区经济结构的特点。这种多元化的课程建设方式，一方面体现了我国高校的灵活性和多样性，另一方面显示出我国现代艺术设计教学在标准化、系统化方面仍存在发展空间。

三、现代艺术设计专业课程建设指导思想

对现代艺术设计专业而言，课程建设关系到未来设计师的专业能力和创新水平。随着社会的发展和教育体系的变革，课程建设必须与时俱进，响应社会的变化和需求。

在现代艺术设计专业，建立一个科学合理的课程体系不仅能够有效带动教材建设、教学手段和教学方法的更新，还有利于教师总结多年来教学改革的经验、更新教育观念、树立正确的教学质量意识、促进教学管理的规范化，从而使各门课程都达到较高的水平，以推动课程建设的整体发展、优化课程结构、促进课程整体质量的提高。现代艺术设计专业的教师应该积极投入教学活动中，通过有目的、有计划、有步骤的方式来提升教学过程；应创造条件，使教育资源更加开放，推动学生进行主动学习和自主学习；应将最新的科研成果转化为教学内容，更新课程体系和教学方法，使之更加贴合高素质人才培养

的要求；应鼓励学生批判性思考，提出问题并探索解决问题的新方法；还需要不断更新自己的教育观念，树立正确的教学质量意识。

现代艺术设计专业的课程群建设必须紧密围绕社会需求进行，这要求教育模式既要针对特定领域的专业人才进行定向培养，又要考虑学生在多个设计领域的综合发展。学生应通过以设计门类为主导的课程群的学习，不断地增强对相关设计门类的认识，有目的地掌握相关知识及设计实践技能，提高在社会实践中的适应能力。现代艺术设计专业理论教学体系的建设需要围绕设计行业的实际需求和现代艺术设计教学的内在规律进行。教育内容不仅要有利于学生的长远发展，还要紧密结合实际设计实践。理论教学不应脱离实践，而是应该与实际设计工作紧密相连，使学生在掌握理论知识的同时，能够理解这些知识如何应用于真实的设计项目中。实践教学体系也是现代艺术设计专业课程群建设的重要方面。对设计基础课程的实践环节进行改革可以使教学更好地服务于专业发展和设计实践。这种改革应该以大胆而有序的方式进行，实现从传统美术教学向专业化设计教学的根本性转变。此外，专业课程的实践教学应尽可能地接近实际的设计实务，使学生的学习能够与真实的设计工作接轨。

四、现代艺术设计专业课程体系建设的原则

（一）分层次进行课程体系建设

我国高校可分为研究型高校、研究教学型高校、教学研究型高校、教学型高校、高等专科学校五种类型。这种分类对于开设现代艺术设计专业的高校的专业结构、课程体系乃至人才培养模式具有重要的指导作用。

研究型高校的核心目标在于培养具有深厚学术基础和强烈研究兴趣的人才。这类高校的教育尤其强调学术性和研究能力的培养；课程设置侧重于理论学习和创新研究，目的是培养具有宽阔知识视野、应变能力强、具备开拓精神和创新能力的高素质人才；在课程内容上，包括基础理论、专业知识、研究方法、创新实践等方面。

研究教学型、教学研究型和教学型高校的目标主要是培养具有实用技能和创新思维的应用型人才。这类高校的教育更注重实践能力和应用能力的培养，课程体系具有复合性和开放性；专业课程包括基础知识、专业技能、实践操作等内容，同时鼓励学生参与实际项目和实习，以增强学生的实际操作能力和问题解决能力。

高等专科学校教育的重点在于培养具备专业技能和实际操作能力的技能型人才。这类高校的艺术设计教学更侧重于技能的培养和应用的普及，旨在培养能够直接深入生产第一线的设计、施工、管理等领域的应用型人才。因此，这类高校的课程体系建设应强调实践性，提高实践性课程的比重，着重于学生专业技能的掌握和设计开发能力的培养。

我国高等学校在现代艺术设计专业课程体系建设中需要根据其人才培养目标的定位对课程进行分类和层次化的设计。不同类型的高校应根据自身特点和社会需求，合理规划课程结构，既要注重理论知识的传授，又要强化实践能力的培养，以确保高等教育能够培养出适应社会发展需求的现代艺术设计专业人才。

（二）从应用性入手，以社会需求为导向

作为培养应用型人才的关键一环，现代艺术设计专业的课程体系建设需要从应用性入手，紧密围绕"应用型人才"的核心进行。制订

教学计划的重点是将培养方案与社会需求对接，确保学生能够在社会中应用所学的知识和技能。课程内容应具有针对性和实用性，而且要关注学生的可持续发展能力，即让学生在掌握专业技能的同时，能够适应未来社会的变革，拥有终身学习和自我发展的能力。具体的课程设置应根据现代艺术设计专业的应用性特点，对课程结构进行革新，更加注重课程的实践性和综合性，以实现知识与技能的无缝对接。

现代艺术设计专业的课程体系建设必须主动适应和反映社会需求的变化，以确保毕业生的能力符合社会和市场的期望。为实现这一目标，课程建设应采取以下策略。

（1）高校需要根据社会需求对专业课程进行及时的调整和拓展，即进行科学的社会调查和论证，掌握当前市场的需求和未来的发展趋势。课程内容必须紧扣社会经济发展目标和人才培养方向，提高教学活动的有效性和实用性。

（2）课程内容必须贴近社会实践，确保学生所学知识和技能能够直接应用于未来的工作中。课程不仅包含理论知识的传授，还包含实际工作的案例研究、模拟演练等环节，以模拟真实的工作环境。

（3）高校应邀请用人单位直接参与课程建设。这种校企合作不仅可以确保教学内容和方法的时效性和针对性，还可以帮助高校了解最新的行业动态和技术发展。企业对课程的设计、讲授甚至评估的参与可以使教育更加职业化和市场化。这种合作应成为高等教育的常态，以形成产教融合、校企共赢的良好教育生态。

（三）课程设置兼顾科学化、兼容性与个性化

合理的课程结构应确保各门课程之间的优化组合，形成一个科学、合理且有利于学生全面成长的知识体系。对此，高校不仅要精心

设计每门课程的内容，还要注重课程之间的相互衔接和整体协调。

科学化课程设置需要注意以下几个方面。第一，科学化的课程设置是构建合理课程结构的前提。在课程内容的选择上，高校必须进行优化精选，确保每门课程都能为学生的专业成长提供必要的知识支持。同时，课程内容的选择要兼顾学科发展的最新趋势和学生的实际学习需求。第二，课程内容的更新和拓展是适应学科发展的必然要求。随着科学技术的进步和社会需求的变化，课程内容也应不断更新，引入新知识和新内容。第三，强化课程的实践性和应用价值是确保教学质量的重要措施。课程设置应当与时俱进，反映现代科学技术的最新成果，同时要注重实践环节的加强，使学生能够将所学知识应用于实际设计问题的解决。

现代艺术设计专业是一门涉及多学科的新兴学科，以哲学、社会学、艺术学等学科为基础，结合工程技术背景进行设计研究。因此，课程体系的建设需要涵盖这些学科，从而为学生提供全面的知识结构，支持学生在现代艺术设计领域的全面发展。在课程设置上，高校应考虑融入社会科学、环境生态学、人文科学等领域的课程，从而使现代艺术设计专业的学生不局限于传统的美术设计知识，能够从更广阔的视角理解设计的社会和环境影响。这种兼容性教育有助于培养学生的跨学科思维能力，为他们在未来的工作中解决复杂问题提供坚实的基础。同时，课程体系中应该增加一些与市场紧密相关的实用性课程。例如，市场营销学、消费心理学等课程可以让学生了解市场运作机制和消费者行为；知识技能和行业法规课程则能帮助学生更好地适应行业要求，为将来的职业生涯做好准备。

个性化的课程设置同样重要。个性化的课程使学生能够根据自己的兴趣和职业倾向，跨学科、跨专业地选择学习内容，发展个性、发挥专长。

现代艺术设计专业的课程体系建设是一项持续性的基础工作，它要求高校在教学理念、制度安排以及文化建设方面不断创新和完善。课程体系的建设要以创新思维为核心，将创新贯穿于教学改革的每一个环节。高校应树立科学的艺术设计教育观，建立合理的人才培养模式，提高设计人才的培养质量。

五、现代艺术设计专业课程体系的建设方案及措施

课程建设作为现代艺术设计教学领域的一项系统工程，其重点不仅仅在于课程内容的丰富和现代化，还在于如何将其有效地整合进整个教育体系中。高校不仅要深入考虑课程的设置，还要明确各课程在教育过程中的位置和作用以及它们之间的内在逻辑关系。

在构建课程体系时，高校要特别关注课程之间的相互联系，包括课程与教学方法的配合、课程内容与教材的对应、课程目标与考核方式的一致性以及课程结果与评价标准的关联。这种关系的明确有助于互联互通、各环节紧密协作的教育模式的形成。在专业课程体系的建设中，高校应通过专业定模块、模块定课程的方式来实现课程结构的合理化。考虑到课程的横向关联性和纵向递进性，基础课程和专业课程之间应形成有效的衔接。基础课程为专业学习打下坚实的基础，而专业课程在此基础上进一步深化和拓展学生的专业能力。构建立体化的专业课程体系要求高校具备全局视角，能够整合不同课程的资源和优势，同时保持课程体系的灵活性和开放性。这样的课程体系能够更好地适应社会的发展趋势，满足行业的实际需求，培养出具备扎实基础知识、广阔视野和强大创新能力的设计专业人才。

（一）优化课程模块，构建课程系统

现代艺术设计专业课程体系建设应根据专业特点进行细分，形成不同的专业方向，并在此基础上设计理论教学体系和实践教学体系。在理论教学体系中，课程应划分为不同的模块，如公共课模块、专业理论模块、创新设计模块、专业拓展模块以及就业与创业模块。实践教学体系侧重于学生的实践操作能力和实际工作技能的培养。它涵盖专业实践、专业实习和技能实训等方面。在这个体系中，高校应当设计一系列的课程模块，使学生能够在真实的或模拟的工作环境中学习和锻炼。每个课程模块都应该设定明确的教学目标，且课程模块之间的设置应该遵循先修后续的原则。这种结构化的教学有助于学生在通识教育的基础上，根据个人的发展规划、兴趣和潜能选择专业方向，并在此方向上深入学习。学生在选择专业方向后，通过模块化课程的学习，可以逐步明确自己的学习路径，识别并解决专业学习过程中的关键问题。

（二）完善实践教学，强化专业技能培训

现代艺术设计是一门极具实践性的学科，其教学不仅仅是传授理论知识，更重要的是培养学生的实践应用能力。在现代艺术设计教学中，理论与实践是相辅相成的关系：实践是设计专业的生命力所在，而理论是实践的坚实基础和支撑。在实践课程体系建设中，高校应遵循"理论服务于实践、实践创新理论"原则。高校需要构建一个具有整体性的实践教学体系，让学生在实践中深化对理论的理解，并在理论的指导下进行创新实践。实践课模块应该被专门设计和强调，包括实验、实训、技能训练、综合实践训练、社会实践考察和市场调查、

专业实习以及毕业设计（论文）等环节。这些环节不仅要内部紧密衔接，还应与课程的其他模块相结合，以确保学生能够在多种实践活动中全面发展。实践教学应接近相关设计行业的实际操作，让学生在学习过程中就能感受到行业的实际需求和工作环境。现代艺术设计教学还应强化与社会的联系。这可以通过建立社会实践基地、组织专业实习和进行市场调研等方式来实现。这样做的目的是将创新设计理念、市场发展趋势以及更多的设计实务融入教学中。这种外部联系不仅能够增强学生的实际操作能力，还能够让他们更好地理解设计工作在社会中的实际应用和价值。

（三）深化素质教育，实现课程间的纵向联系

素质教育在现代艺术设计专业的学习中占据了重要位置，它与社会对人才的要求密切相关。素质教育的核心是促进学生的全面发展、提升学生的整体素养，包括职业技能和人文素养，从而增强其就业竞争力。在现代艺术设计专业的高年级阶段，学生逐渐进入更为复杂的综合设计阶段，所以应该加强在设计与表达、方案投标等实战设计方面的训练。这一阶段的学生将面临知识、技能、行业法规、社会竞争等方面的现实挑战。要想在这些挑战中取得成功，学生就需要通过深化素质教育来提高自己的能力。因此，现代艺术设计课程体系中可以包括现代文明礼仪、现代城市文明素养、就业技能与技巧、企业工作适应性以及人文艺术素养等课程。课程教学可以采取座谈、讲座等灵活多样的形式。高校可以邀请企业或事业单位的人力资源部门负责人，或者具有企业工作经验的教师与学生进行座谈、开展讲座，培养学生应对未来工作的能力。在学生毕业前，高校可以安排模拟面试，

以提高他们应对面试的能力。

构建从基础到专业、从专业到修养的纵向联系的现代艺术设计专业课程体系，可以有效提高学生的综合素质，使他们的专业能力满足社会的要求。

（四）加强教师队伍建设

教师是课程的实施者，更应成为课程建设的主导者和研究者。为此，高校应充分发挥资深教师的引领作用，激励全体教师投身课程建设的各个层面，如内容选择、教材编写、课程评估等，确立他们在这一过程中的主体地位。主观能动性得到提升后，教师就能够掌握课程创新的实质。高校应根据各学科和专业的规划情况，逐步尝试实行骨干教师工作室制度。该制度不仅有助于发挥资深教师的专业优势，还能为年轻教师提供学习和成长的空间。通过教师队伍建设，高校可以组建一支结构合理、人员稳定的教师队伍，这对于提高教学质量和适应教育发展的需要至关重要。

（五）实行严格、科学的考查制度

现代艺术设计专业对学生的考查不仅要覆盖学生的基础知识和基本技能，还要重视对学生分析问题和解决问题的实际能力的评价以及他们综合运用知识的能力。考查结果必须能够客观地展现学生的真实水平。教师应对试卷进行深入分析，并提出改进措施。这种分析不仅有助于了解学生在学习过程中的具体困难，还可以为课程内容和教学方法的调整提供数据支持，提高教学质量。

现代艺术设计专业课程体系建设是一项基础性、系统性工程，它需要不断地调整和完善。其目标的实现依赖于教育观念的创新、制度的完善。高校应把创新思维贯穿于教学改革的全过程，树立科学的现代艺术设计教育观，建立合理的人才培养模式，提高现代艺术设计人才培养质量。

第三章　中国传统文化元素与现代艺术设计的融合

第一节　中国传统文化元素与现代艺术设计的关系

一、文化与设计的关系

　　将中国传统文化元素与现代艺术设计融合在一起是一个复杂而富有创造性的过程。这一过程要求设计师对文化与设计之间存在的密不可分的关系有一个宏观的认识。理解这种关系不仅是理论上的需要，还是实际操作中不可或缺的指导。中国传统文化是一个深邃且多元的领域，蕴含着无数独特的元素，如书法、绘画、建筑风格及哲学思想等。这些元素在现代艺术设计中的应用不仅是形式上的借鉴，还是一种深层次的文化融合和创新。比如，将中国画的意境和笔触融入现代平面设计、将中国传统建筑的空间观念应用于现代室内设计都是这种融合的实践例证。这种融合的关键在于对中国传统文化精髓的深刻理解以及对现代艺术设计语言的精准把握。只有深入挖掘中国传统文化的核心价值和美学特征，才能在设计中恰当地表达这些元素，避免刻板的模仿。同时，对现代设计趋势的敏感捕捉和理解能够帮助设计师更好地在现代语境中重新解读和展现传统文化。这种融合也是一个双向互动的过程。中国传统文化在与现代艺术设计的碰撞中，不仅能够赋予设计以深刻的文化内涵，还能够在这一过程中得到新的演绎。这种互动不仅丰富了现代艺术设计的表现手法，还为中国传统文化的传承与发展开辟了新的途径。文化与设计的关系具体如下。

（一）文化影响设计

文化是社会不可分割的一部分，它不仅自成一体，还在不断地影响和塑造着社会的其他方面，设计领域也不例外。设计作为社会生产和生活中的关键要素，其本质和呈现方式深受文化的影响。文化本身会受到地理环境、历史背景等因素的塑造，因此在不同的时空背景下，文化的多样性必然会导致设计理念、原则和风格的多样化。进一步分析文化对设计的影响，可以发现这种影响不仅表现在宏观层面，还表现在设计师个人和社会大众的审美观念和思维方式的变化。设计师的创作风格和理念深受其个人成长背景、教育经历以及所处文化环境的影响。同时，社会大众的思维方式和审美观念在间接地影响着设计的发展和演变。大众审美的变化不仅反映了文化的发展趋势，还指引着设计的方向。设计是艺术和技术的结合，更是社会文化的产物。人们对设计的接受程度和设计的流行程度在很大程度上取决于设计是否符合大众的审美标准和文化习惯。

（二）设计反映文化

设计对文化的反映主要体现在以下几个方面。

1. 设计反映民族的精神特质

民族精神特质是世界各民族在世界舞台上、世界历史上、世界文明中专有的特指的标志性特征。[①] 每个民族不同的民族精神特质反映了每个民族独特的文化。这些特质在设计中得到了显著体现。例如，

---

① 余双好. 中国梦之中国精神 [M].武汉： 武汉大学出版社，2015： 67.

中华民族的"和谐"精神在中国传统的建筑和艺术设计中处处可见，从古典园林的布局到书法艺术的笔触，都彰显着对和谐美的追求和表达。这种设计不仅仅是形式上的展现，还是深植于民族文化之中的价值观和世界观的表达。

2. 设计反映国家的文化思想

文化思想作为一个宏观概念，深刻影响着一个国家的设计语言和艺术表达。以我国的敦煌莫高窟为例，其建筑和壁画历经多个朝代的更迭，承载着丰富的历史文化信息。数个朝代在莫高窟留下了自己独特的印记，无论是艺术风格、所使用的色彩，还是所描绘的主题，都是那个时代文化思想的反映。从北朝到隋唐，再到宋元，每一次风格的转变都不仅仅是艺术上的变化，还是文化思想演进的体现。例如，北朝时期的壁画更注重表现宗教故事和神话；而到了唐代，人物形象更加丰满生动，色彩更为鲜艳，这反映了唐代开放包容的文化特质和繁荣的社会背景。敦煌莫高窟的艺术变迁是我国文化思想演进的一个缩影。它告诉人们，文化思想不是孤立的，它与一个国家的历史、政治、经济和社会状况密切相关。这种复杂的相互作用最终体现在了设计和艺术作品中，成为人们理解和学习一个国家文化思想的重要窗口。

3. 设计反映社会的进步

设计的发展也是社会进步的一种反映。随着社会的发展，人们的生活方式、审美观念和文化需求发生了变化，设计也随之演变。例如，现代主义设计强调简洁、功能性，反映了工业化时代的社会特征和文化倾向；后现代主义设计的出现则展示了对多元文化、个性表达的追求，体现了社会观念和文化态度的转变。

（三）设计反作用于文化

1. 设计影响着社会文化

设计是文化的一种表现形式，它体现在公共艺术设计、工业产品设计等领域。公共艺术设计不仅改变了人们的生活环境，还影响了大众的艺术审美。例如，雕塑和壁画不仅美化了公共空间，还传达了特定的文化价值和社会信息。这些设计作品成为文化传播的媒介，影响着社会大众的文化观念和审美标准。在工业产品设计方面，设计的影响同样显著。随着科技的进步和社会需求的变化，设计师不断创新，推出新的工业产品设计。这些设计不仅满足了人们的实用需求，还反映了时代的审美趋势和文化特征。

2. 设计丰富了文化的形态

文化具有多种形态，包括物质型文化、经典型文化、社会关系型文化和心理型文化等。设计的作用是增加文化形态的种类，还丰富了文化形态的内容。例如，在物质型文化方面，设计没有增加物质的种类，使物质的外在表现形态变得更加丰富多样。一块普通的木头，通过设计和雕刻，可以变成艺术品、家具或其他装饰物，每一件作品都蕴含着独特的文化意义和审美价值。随着设计理念的发展和技术的进步，设计在丰富文化形态方面的作用愈发显著。设计不仅仅是可以创造美观的物品，还是一种文化表达和传播的方式。它通过创造性地解决问题，提高了人们的生活质量，也反映和塑造了社会文化的特征。

二、中国传统文化与现代艺术设计的相互促进关系

（一）中国传统文化对现代艺术设计的促进

1. 中国传统文化思想丰富现代艺术设计的理念

设计理念是设计实践的基础，在赋予设计作品独特的文化内涵和风格特点方面发挥着至关重要的作用。设计理念的精髓在于其适应性和变化性，它会随着设计师的阅历增长和对社会环境的深入理解而演变。原因是随着社会的发展，人们的审美需求变得愈发多样化，单一且固定的设计理念已无法满足这些日益变化的需求。当前，设计师面对的挑战是如何在保持个性化和专业化的同时，调整他们的设计理念以适应不同的设计需求和目标群体。这不仅涉及对新兴趋势的敏锐捕捉，还包括对传统文化元素的深入理解和应用。

2. 中国传统文化丰富现代艺术设计的表现形式

将中国传统文化融入现代艺术设计时，设计师需要认识到中国传统文化的深厚背景和多样性。中国传统文化传承几千年，涵盖了建筑、绘画、雕塑、诗歌、音乐、舞蹈等方面。设计师在面对这样丰富的素材库时，可以选择不同的方式来将其融入现代艺术设计中，在保留中国传统文化精髓的基础上，赋予其时代的特征。

中国传统文化的独特性在于其深厚的历史积淀和文化内涵。每一个元素，无论是龙的图腾、剪纸艺术，还是书法和绘画，都蕴含了深刻的文化意义和历史故事。设计师在运用这些元素时，不仅仅是在借用一个图案或一个形式，还是在传递一个故事、一个时代的记忆。设计师在中国将传统文化元素融入现代设计时，可以采用直接借用或提取再设计的方式。直接借用意味着将中国传统文化元素完整地加入现

代艺术设计之中，这种方式简便直接，但可能会导致中国传统文化和现代艺术设计风格之间产生冲突。相对而言，提取再设计则更具挑战性，设计师需要深入理解中国传统文化的内涵，然后在此基础上进行创新，让中国传统文化元素以全新的面貌出现在现代艺术设计中。这种方法更能突出设计师的创造力，同时使得作品既具有传统韵味，又不失现代感。将中国传统文化元素运用到现代艺术设计中，不仅是形式上的融合，还是一种文化和时代精神的结合。设计师可以通过这种方式，使中国传统文化在当代社会中焕发新生，让更多人了解和欣赏这些文化遗产，让中国传统文化在新的时代背景下继续发光发热。

3. 中国传统文化提升现代艺术设计的内涵

在现代艺术设计领域中，实用功能和审美功能的结合成了一个重要的创作方向。不同的设计产品在这两个功能上的侧重点各异。那些更侧重于审美功能的设计产品的创作方式和表达形式也呈现出多样性：有的通过外在形式展现美学，有的深入挖掘内涵的艺术表达，还有的则是这两者的融合。中国传统文化作为一个包含了深厚精神和文化内涵的宝库，为现代艺术设计提供了无限的灵感和素材。将中国传统文化融入现代艺术设计可以在深层次上提升设计的文化内涵和艺术价值。例如，使用中国传统绘画的元素，如水墨，可以在现代产品设计中创造出既有东方神韵又符合现代审美的作品。中国传统文化中的哲学思想、历史故事、诗词歌赋等也为现代设计提供了丰富的内涵。这些元素在设计中的运用使得产品不仅仅是日常使用的物品，还成为承载文化和故事的艺术作品。通过这种方式，设计师不仅展现了对中国传统文化的尊重和继承，还让现代人能够在日常生活中体验和欣赏到中国传统文化的魅力。

（二）现代艺术设计对传承中国传统文化的促进

1. 现代艺术设计有助于传统文化的保护

中国传统文化源远流长、博大精深，是中华民族发展的精神命脉。在新的历史时期，我国既面临着传统文化保护的重要任务，又需要增强传统文化的吸引力和影响力，以推进中华民族伟大复兴的历史进程。文化是一个国家的灵魂和根基。中国传统文化不仅是历史的积淀，还是现代中国文化软实力的重要体现。在这样的历史背景下，保护中国传统文化不仅是对过去的尊重，还是为了中华民族未来的繁荣稳定。

保护中国传统文化可以采取多种路径，而将中国传统文化融入现代艺术设计中是一种实践性较强的方法。这种方式可以让更多的人接触到中国传统文化元素，加深他们对中国传统文化的认识和理解，进而增强他们对中国传统文化的保护意识。此外，将中国传统文化融入现代艺术设计还能产生一定的经济效益。这一点对于促使人们保护中国传统文化尤为重要。与单纯的口号宣传相比，切实的经济效益能够产生更加显著的效果。保护行为所带来的经济效益加上强烈的责任感会产生"1+1>2"的效果，既保护了文化遗产，又促进了经济发展。

2. 现代艺术设计有助于中国传统文化的弘扬

现代艺术设计在弘扬和推广中国传统文化方面发挥着重要作用，这种弘扬和推广主要分为两种：一是在国内推广各地区的独特文化，二是将中国传统文化介绍给全世界。

我国地域广阔，不同地区之间的文化存在巨大差异。许多地区的传统文化可能在全国范围内不为人所知。现代艺术设计通过其多样性和广泛的应用范围，如工业产品设计、公共艺术设计等，为这些地方文化的传播提供了新的渠道。例如，将地方特色融入工业产品设计中，不仅能够让产品本身更具吸引力，还能够让更多的人了解和欣赏这些独特的文化元素。在全球范围内，世界各国的经济与文化交流日益频繁，文化的传播与交流成为增强国家软实力的关键途径。对于我国而言，弘扬中国传统文化不仅是文化自信的体现，还是促进国际文化交流的重要途径。现代艺术设计作为一种跨越语言和文化界限的通用语言，为传播中国传统文化提供了独特的平台和方式。现代艺术设计能够有效地将中国传统文化元素与现代审美相结合，创造出既有民族特色又符合国际潮流的作品。这种结合不仅展现了我国的深厚文化底蕴，还使得中国传统文化更容易被世界接受和理解。

现代艺术设计在弘扬中国传统文化方面的作用不容小觑。它不仅是文化传播的桥梁，还是文化创新的载体。通过现代艺术设计，中国传统文化不仅能在国际上获得更广泛的认知和赞赏，还能激发人们对中国传统文化更深层次的探索和研究，从而在全球文化舞台上展现中国传统文化的独特魅力和深远影响。

3. 现代艺术设计有助于中国传统文化的创新发展

在现代社会，对中国传统文化的保护和弘扬不仅需要保留其本来的样貌，还要结合时代的特点对其进行创新性的发展。随着社会的发展，每个时代都有其独有的特征和需求。中国传统文化如果只是单纯地保留原有形态而不进行创新，很容易被时代潮流所淹没。因此，中国传统文化需要通过与现代元素的融合，不断创新和发展，以符合当代人的审美需求和价值观念。在现代艺术设计领域，这种创新尤为重要。设计师通过提取中国传统文化元素，并结合现代设计理念和技术，赋予中国传统文化新的生命力，使其更加符合现代社会的审美和功能需求。

当然，这种对中国传统文化的设计也引发了一些争议。有些人认为这种创新改变了中国传统文化的外在形式，可能不利于中国传统文化的保护和传承。实际上，外在形式只是中国传统文化的一部分，关键在于在创新的过程中保留中国传统文化的精神和内涵。只要能够在设计中保留中国传统文化的精神和内涵，这种创新就是有效的，是对中国传统文化的一种创新性发展。例如，在现代建筑设计中融入中国传统建筑元素，或者在时尚设计中引入中国传统服饰的风格，这些都是中国传统文化与现代艺术设计相结合的成功案例。这种结合不仅能够让中国传统文化在现代社会中获得新的生命力，还能够激发人们对中国传统文化的新兴趣和新认识。

三、中国传统文化元素与现代艺术设计的共性

虽然中国传统文化和现代艺术设计是两个不同的概念，但两者之间存在一定的共性，而这些共性便是两者能够有机融合的一个重要因素。

（一）形式共性

中国传统文化与现代艺术设计的形式共性主要体现在以下三个方面。

1. 形式规律上的共性

中国传统文化和现代艺术设计形式规律上的共性主要体现在艺术创作的方法和表现手法上，尤其在中国戏曲这一独特艺术形式中表现得淋漓尽致。

戏曲作为一种古老的艺术形式，其创作和表演不仅仅是艺术家的自我表达，还是一种深植于中国传统文化的艺术实践。中国戏曲的

创作和表演遵循着一套程式化的规则，这些规则涉及形式、内容、色彩、场景等方面。这种程式化实际上是艺术家在长期的艺术实践中总结出的一套标准化规则。程式化的形式使得戏曲艺术有了一种独特的韵律和节奏，使观众能够在熟悉的模式中找到美感和享受。然而，程式化的形式也带来了一些负面效果。它在一定程度上限制了艺术家和表演者的创造力和自由度。过分依赖固定模式可能会导致艺术作品缺乏创新和活力，这对于艺术的发展而言是不利的。因此，在戏曲艺术中，平衡程式化的形式和艺术家的个人创造力成为一种挑战。艺术家需要在遵守传统规则的基础上，寻找个人表达的空间，使得戏曲艺术既保持传统的魅力，又展现现代的创新。这种在"约束与自由"之间的游走使得戏曲成为一种独特的艺术形式，既有深厚的文化底蕴，又有不断创新的活力。

现代艺术设计的形式规律体现在色彩、造型、构图等方面。在色彩运用上，比如，重视整体的色调协调、配色平衡及分割关系，这些都是形式规律的具体体现。形式规律的形成既受到人文因素的影响，又有自然或偶然因素的作用。这些规律不是刻板的，而是灵活的，它们在不断的艺术实践中演变和发展。艺术家既要遵循这些规律，又要根据具体的设计形式和内容进行调整。

虽然在外在表现上，戏曲艺术和现代艺术设计的形式规律存在差异，但它们的本质是相通的。两者的创新和发展都在于对形式规律的理解和应用。这种规律是连接传统与现代、东方与西方的桥梁，是两者有机融合的关键。尽管两者在具体表现上不同，但它们都追求在一定的规律之下创造美。两者之间的共性在于，无论是戏曲艺术还是现代艺术设计，都需要艺术家在遵循某些基本规律的同时发挥个人的创造性。这种在规律与创造性之间的平衡是艺术创作的核心。通过对形式规律的理解和应用，艺术家能够在传统与创新之间找到自己的位置，使作品既具有深厚的文化底蕴，又具有现代的创新精神。

2. 节奏韵律上的统一

在艺术的广阔天地里，无论是中国传统艺术还是现代艺术设计，它们都在不断变化中寻求一种统一和谐的美感。这种对统一美的追求体现在艺术作品的节奏和韵律上，是艺术美的重要规范和法则。

以戏曲艺术为例，它的魅力在于那种独特的节奏感和韵律美。戏曲艺术中的故事情节跌宕起伏，唱词节奏时而急促，时而缓慢，营造出一种均匀而和谐的美感。戏曲在漫长的发展历程中，不断吸收和融合各种元素，如音乐、舞蹈、武术等，但始终保持着其固有的节奏感和韵律美。与戏曲艺术相比，现代艺术设计虽然在节奏韵律上的表现不那么明显，但这并不意味着它缺少节奏感。现代艺术设计通过复杂的图案、多样的造型、绚丽的色彩等元素，展现出一种独特的节奏感和韵律美。这种节奏感可能不像戏曲艺术那样直观，但它以更为细腻和隐晦的方式存在于艺术作品中。比如，在壁画和雕塑中，艺术家通过线条的流动、色彩的变化、形状的排列，传达出一种内在的节奏美。虽然戏曲艺术与现代艺术设计存在较大的差异，但在对节奏感、韵律美的表现上两者却存有共同的艺术追求。

3. 造型审美上的意蕴

在中国传统文化和现代艺术设计中，"以形寓意"是一种非常重要的艺术表现手法，这种手法强调通过外在造型来传达深层的意蕴。同样以戏曲艺术为例，角色造型富含深厚的文化意蕴。例如，脸谱艺术就运用了"以形寓意"手法。不同颜色的脸谱代表着不同的人物特质，如红色象征忠贞英勇，黑色象征正直刚正，白色通常代表奸诈阴险。这些颜色不仅仅是视觉上的装饰，还是对角色性格和道德取向的深刻描绘。通过这些富有象征意义的造型，戏曲艺术在无言中传达了复杂的人物关系和深层的文化内涵。在现代艺术设计领域，设计师也会运用类似的手法来表达内在意蕴。他们可能采用写实的方法来精确描述对象，或者使用抽象和夸张的技巧来传达更深层次的思想和情感。无论是哪种方式，目的都是通过外在的造型去表达内在的意义。例如，在现代雕塑和绘画中，艺术家常常通过形状、线条和颜色的组合来传达特定的情感或观点。这些艺术作品可能看似简单、抽象，实际上包含着复杂的象征意义和深刻的思想。由此可见，戏曲艺术和现代艺术在造型审美的意蕴上拥有相同的艺术原理。这种以外在造型传达内在意蕴的手法不仅丰富了艺术的表现形式，还使得艺术作品具有更深层次的思考价值。

（二）文化共性

中国传统文化和现代艺术设计尽管分别根植于古代和现代社会，但在文化层面上却有着显著的共性。这种共性主要体现在民族文化和地域文化两个方面。

1. 民族文化的共性

虽然中国传统文化和现代艺术设计产生于不同的时期，但它们共同生长在中华民族这片丰饶的文化土壤之上。这片土壤承载着深厚的历史和文化底蕴，成为不同文化形式发展的基础和源泉。这种文化的历史延续性使得不同时期的文化形式在某种程度上保持着共性。无论是中国传统文化的博大精深，还是现代艺术设计的创新多样，它们都根植于同一民族的文化传统之中。这些文化形式就像树木一样，虽然各自生长，但都从同一片土壤汲取养分，展现出某种相似性或连续性。中华民族就像那片孕育各种树木的土壤，不断给各种文化提供营养和生长环境。从这片土壤中生长出的文化形式无论外在表现如何多样，内在都拥有相同的根基和特质。这种内在的共性是民族文化的深刻印记。无论是中国传统文化还是现代艺术设计，它们都不可避免地受到民族文化的影响。这种影响深入文化的每一个角落，从表现形式到创作理念，从思维方式到审美倾向，无不体现着民族文化的特色。

2. 地域文化共性

如果说民族文化是从时间维度来讨论的，那么地域文化就是从空间维度来展开讨论。在同一地域内，由于文化的延续性，不同的文化形式往往呈现出一定程度的文化共性。这种共性是由特定地域的历史、地理、社会等因素共同作用的结果，它在一定程度上定义了该地域文化的独特性和连贯性。

不同地域的现代艺术设计作品往往融入了当地的传统文化元素。这些元素可以是一种图案、一种色彩，甚至是一种材料或构造方式，它们不仅仅是视觉的象征，还是文化深层内涵的传达。这种地域文化的共性使得不同文化形式之间能够实现有机的融合。中国传统文化元素和现代艺术设计的结合不仅丰富了现代艺术的表现形式，还为中国传统文化的传承和发展提供了新的路径。它们相互借鉴、相互融合，形成了一种新的文化现象。在全球化背景下，地域文化共性的探索显得尤为重要。它不仅能够帮助人们理解不同地域间文化的相似之处，还能够促进不同文化之间的交流和理解。通过探索地域文化共性，人们可以更好地认识到文化多样性的价值以及在这种多样性中找到共同点和联系。这既是现代艺术设计与中国传统文化元素融合的基础，又是文化创新和发展的重要动力。

中国传统文化与现代艺术设计虽属不同文化形式，但存在着紧密的联系和明显的共性，这些联系和共性为中国传统文化元素融入现代艺术设计提供了理论基础。

第二节　中国传统文化元素与现代艺术设计融合的必要性

一、满足中国传统文化传承与发展的需求

（一）中国传统文化传承与发展的迫切需求

文化是民族的灵魂和血脉，影响着民族的未来。在中华民族伟大复兴的历史进程中，中国传统文化发挥着不可替代的作用。这一文化凝结了中华民族的智慧、气度和神韵，是中国人民心中的精神支柱，激发着中国人民内心深处的自信和自豪。当前，我国正处于历史发展的新时期，中华民族伟大复兴展现出光明前景。在这样的历史背景下，传承和发展中国传统文化显得尤为重要。中国传统文化不仅仅是中华民族的精神追求和独特精神标识，还是中华民族生生不息、发展壮大的根基。

（二）中国传统文化传承与发展应遵守的原则

1. 加强对中国传统文化的认知

中国传统文化作为中华民族历史和智慧的沉淀，对于现代艺术设计具有深远的影响。尽管许多人对中国传统文化并不陌生，但深刻理解和将这些文化元素应用于现代艺术设计中仍然是一个挑战，尤其对设计师而言。对中国传统文化的深刻认识不仅仅涉及对传统图案、色

彩等的理解，还包括对其背后深层次文化价值和意义的洞察。

设计师如能深入理解中国传统文化，便能有效地将其融入现代艺术设计中，从而使作品更具视觉吸引力与文化深度。因此，加强对中国传统文化的认识是设计师在利用现代艺术设计传承和发展中国传统文化的过程中的第一步。

深刻认识中国传统文化，需要明确以下三点。

第一，中国传统文化是历史的。中国传统文化这一文化遗产是在中华民族漫长的历史进程中逐渐形成和发展起来的，它是中华民族在特定历史时期的生产生活实践的体现。因此，要理解和研究中国传统文化，需要将其置于相应的历史和社会背景中，与当时的政治、经济、社会制度等因素紧密联系起来。这样的历史视角能够帮助设计师客观地认识中国传统文化，理解其在不同历史阶段的变化和发展。例如，不同朝代的文化艺术形式、思想理念等都是在特定历史环境下的产物，它们反映了那个时代的社会特征和民族精神。由于中国传统文化是历史的产物，它不可避免地带有一定的历史局限性。面对这种局限性，设计师应该采取批判继承的态度，既要继承其积极成分，又要勇于改革和创新。

第二，中国传统文化反映了中华民族的民族性格、生活准则、生存智慧和处世方略，是中华民族精神和文化类型的集中体现。中国传统文化的独特之处在于它的历史深度和文化广度。中国传统文化在历史长河中形成和发展，融合了各种文化元素，形成了独有的文化特征。它反映了中华民族对自然和社会的深刻理解以及在长期的社会实践中形成的独特见解和智慧。作为中华民族屹立于世界民族和文化之林的坚实根基，中国传统文化不仅是中华民族民族认同感和自豪感的来源，还是中华民族生生不息、历经磨难而不断发展的强大动力。

第三，中国传统文化是时代的。中国传统文化在几千年的演变过程中，一直是时代变迁的见证者和参与者。人类社会的发展具有连续性，文化则体现了从传统到现代的人类社会的适应性转变。在这一转变过程中，不同国家、民族、地区的文化虽然会展现出各自的特色和差异，但是共同经历了历史变迁和现代化。中国传统文化的发展如源头涓涓细流汇成江河，不断向着现代化迈进。这种演变不仅仅是形式和内容的更新，还是思想和精神的深化。

纵观全球已实现现代化的国家，对传统文化现代价值的挖掘成为其现代化进程中的关键环节。这种挖掘不仅仅是对过去的回顾，更是对传统文化在现代社会应用的探索。这表明，对传统文化的传承和发展需要站在当下的时代背景下进行，赋予传统文化新的时代特征，以适应不断变化的社会需求。

2. 专业化路线和大众化路线并行

专业化路线指的是通过专业研究的角度，深入挖掘并探索传统文化的各个层面。随着时间的流逝，中国传统文化中的许多宝贵内容逐渐被历史尘埃所掩盖。要想使这些文化遗产重焕生机，就必须对其进行专业化的研究，从历史中提取、分析和解读文化的丰富内涵。专业化的研究就像是一次文化考古，需要研究者通过精细地挖掘和剖析，逐步揭开传统文化的神秘面纱。这种研究不仅涉及历史、哲学、艺术等学科领域，还需要结合现代的科技手段和研究方法。

揭开传统文化的面纱只是第一步。为了确保传统文化能够得到有效地传承和发展，社会大众的参与和接纳同样重要。因此，在走专业化路线的同时，需要采取大众化路线，将传统文化以更易于理解和接受的形式呈现给公众。

以大众化路线发扬传统文化可以从以下两方面入手。

　　一方面，将传统文化内容常识化。即将传统文化的理论和精髓转化为人们日常生活中普遍认同和遵循的常识，这对于社会的现代化以及人的全面发展具有深远影响。在建设社会主义文化强国的宏伟蓝图中，使中国传统文化的精华成为大众的日常知识和行为准则不仅有利于中国传统文化的传承与发展，还有助于提升大众的文化素养和社会整体的文化水平。为了实现文化内容的常识化，中国传统文化在传承过程中的表述方式必须简洁明了，避免过于烦琐的逻辑论证，有关人员需要将传统文化的深奥理论和复杂内涵转化为更加贴近大众的形式，与大众的现实生活紧密结合。将中国传统文化的精髓与中国的具体实际相结合，并将其转化为民众的价值观念、思维方式和行为方式是实现中国传统文化大众化的关键。

　　另一方面，传承和发展中国传统文化时，要避免将其过度抽象化和置于过高的位置。过于抽象的描述往往会让许多人难以理解其真正意义，从而影响中国传统文化的传承与发展。将中国传统文化与民众日常生活的实际意义相联系，是使其得到广泛接受和认可的有效途径。要实现这一点，关键在于让民众理解中国传统文化的传承与发展对其生活的重要性。中国传统文化的传播和教育需要更加接地气，贴近人们的日常生活和实际经验。例如，将中国传统文化融入教育课程、社区活动、媒体内容等，使之成为民众日常生活的一部分，而不仅仅是书本上的知识或博物馆中的展品。此外，借助现代技术，可以将中国传统文化更加生动、有趣地呈现给公众，从而增强其吸引力和影响力。

　　在当前社会环境下，传承和发展中国传统文化的需求变得更为迫切。这一趋势要求设计师在尊重和遵循文化传承原则的基础上，深刻认识到保护和发展中国传统文化的紧迫性和重要性。设计师需要探索如何将中国传统文化元素与现代艺术设计巧妙地结合，创造出既展现传统韵味又符合现代审美的作品。

二、满足现代艺术设计的需求

随着时代的发展，现代艺术设计的趋势和需求也在持续变化。在这样的背景下，将中国传统文化元素融入现代艺术设计成为一种必要的探索。这既是对中国传统文化的传承，又是对现代艺术的创新。中国传统文化元素的融入对现代艺术设计需求的满足突出表现在个性化、多元化、地域本土化和文化性四个方面。

（一）满足个性化设计的需求

在现代社会中，个性化发展的思潮越来越猛烈。个性化意味着独特性和与众不同。这种对个性化的追求不仅仅体现在个人行为上，更在消费者对产品的需求中得到体现。越来越多的人渴望通过个性化产品来表达自己的独特性和品位，这种趋势对设计领域提出了新的挑战，也成为设计领域的机遇。

一方面，个性化设计的需求日益增长，这促使设计师深入思考如何在产品设计中融入个性化元素。另一方面，对于设计师而言，创造与众不同的产品设计不仅是一种职业追求，还是艺术表达的一种方式。即使没有个性化的社会趋势，许多设计师也会自然而然地在产品设计中探索个性化的可能性。在以上两种因素的作用下，人们对产品个性化设计的需求也变得愈发急迫。

个性化设计的本质在于打破常规，追求独特性和创新性。它促使设计师突破传统设计的局限，探索更多的可能性。然而，个性化设计不是无目的的创新，它需要在满足社会大众需求的基础上进行，这样的设计才能在市场上获得认可并取得成功。

产品设计中的个性化主要体现在多个方面，如色彩、造型、材料使用等。例如，使用非传统色彩组合或独特的造型设计可以使产品在市场上脱颖而出。中国传统文化的丰富性为个性化设计提供了宝贵的素材库。许多中国传统文化元素本身就具有鲜明的个性和深厚的文化内涵，设计师可以从中选择合适的元素，并结合产品的具体需求，对这些元素进行进一步的加工和创新。例如，将中国传统文化中的图案以现代化的方式融入产品设计中既能保留文化的独特性，又能使产品贴近现代消费者的审美。

（二）满足多元化设计的需求

随着社会的发展，人们对产品的要求的重点已不再是功能性，人们更加注重产品在审美、情感交流以及精神层面上的价值。这种趋势反映出现代消费者对于产品设计的多元化需求。同时，在可持续发展的背景下，绿色生态的设计理念逐渐成为设计领域的主流。因此，现代艺术设计不仅需要满足功能性和审美需求，还要在尽可能减少对自然资源消耗和环境破坏的同时，实现产品的可持续性。

设计需求多元化的发展趋势要求设计师在设计过程中兼顾多方面的需求。在精神层面上，消费者的需求不仅包括对美观的追求，还涉及产品在情感上的共鸣和文化内涵。设计师可以通过融入丰富的文化元素、故事性和情感元素来满足这一需求。利用中国传统文化中的符号和元素不仅能够为产品增添文化深度，还能够唤起消费者的情感共鸣。中国传统文化不仅是一种视觉和审美的资源，还是一种情感和精神上的寄托。设计师可以从中汲取灵感，创造出既有现代感又有文化底蕴的作品。在技术层面上，绿色生态的需求推动设计师探索采用可再生材料、能效高的设计方案和环保生产过程。采用生物可降解材料、提高产品的耐用性和可回收性都是实现绿色生态设计的途径。

（三）满足地域本土化设计的需求

将地域文化融入现代艺术设计不仅丰富了现代艺术设计的文化内涵，还促进了地域文化的传承和发展。

地域文化是在特定的自然环境、长期的社会发展中形成的。所具有的文化现象因地域的不同而呈现出不同的特征，包括自然生态环境、人文资源、历史传承、生活习俗和行为模式等方面的差异。例如，剪纸艺术在我国各地普遍存在，但在不同地区，其艺术形态和表现手法却存在显著差异。南方地区的剪纸往往图案纹样复杂、细节精致，体现了南方文化的细腻和精巧；而北方地区的剪纸更倾向于简练和粗犷的图案，反映了北方文化的豪放和质朴。这种地域差异反映了不同地域文化的深层次特征，丰富了现代艺术设计的文化内涵。

融入地域文化的现代艺术设计也能促进地域文化的创新和发展。设计师可以在保留传统地域文化精髓的基础上，通过现代设计手法和理念，为传统地域文化注入新的活力。例如，将传统剪纸艺术与现代艺术设计元素结合，创造出既保留传统特色又符合现代审美的艺术作品。

随着社会的发展，结合了地域文化的地域本土化设计越来越受到重视，其背后的原因有两个。其一，地域本土化的设计能够显著提升现代艺术设计的文化内涵，进而增强产品的市场竞争力。其二，这种设计方式对地域文化的传承和发展起到了至关重要的作用，尤其在当今地域文化逐渐消逝的背景下，这种传承显得尤为重要。地域本土化的设计意味着将一个地区的文化特色和审美价值融入现代艺术设计中。这种融合不仅能使产品更具文化特色和深度，还能使之与市场上的其他产品区别开来，为消费者提供独特的消费体验。例如，一个融入了某地区传统图案或手工艺的家居用品不仅在视觉上与众不同，还能够传递该地区的文化故事和艺术气息，从而在竞争激烈的市场中脱颖而出。

（四）满足文化性设计的需求

随着社会的不断进步和物质生活水平的提升，人们的需求也逐渐从基本的生理需求转向更高层次的精神和文化需求。在这种背景下，现代艺术设计所面临的挑战是如何更好地满足社会大众对文化性设计的需求。中国传统文化作为我国整个文化体系中的重要组成部分，拥有丰富的精神和文化内涵。将中国传统文化元素融入现代艺术设计能赋予设计作品更深的文化底蕴，并在一定程度上满足公众对精神文化的需求。例如，传统的图案、故事或工艺都是可被利用的资源，设计师创新地应用这些元素，可以创造出既具有现代感又不失文化性的作品。

第三节　中国传统文化元素与现代艺术设计融合的表现

中国传统文化元素与现代艺术设计的融合集中表现在以下几个方面（如图3-1所示）。

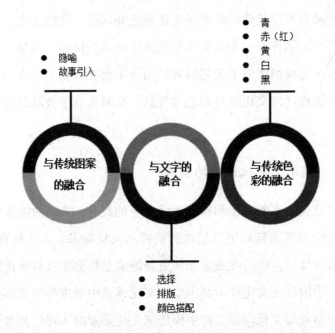

图 3-1　中国传统文化元素与现代艺术设计融合的表现

一、现代艺术设计与传统图案的融合

现代艺术设计不断吸收和借鉴中国传统文化中的传统图案的丰富元素，形成了独特的艺术表现形式。这种融合不仅仅是视觉艺术上的结合，还是文化内涵与时代精神的交融。

现代艺术设计与传统图案融合的方法有很多，其中，隐喻是一种关键的手法。选择具有代表性的传统图案，将其与现代艺术设计元素相结合，可以进行创新性的加工和整合。例如，祥瑞气氛通常通过"龙凤"形象表现，设计师可以在保留这些图案文化思想和寓意的基础上，对其进行加工和创意设计。这会让设计与时俱进，满足时代需求，跟上时代发展的步伐。除隐喻法外，故事引入法也是一种重要的设计手段。这种方法主要围绕中国传统文化中的故事进行创造性设计，使具有故事性的传统图案融入现代生活。这种方式不仅能够展现传统图案的魅力，还能够实现现代审美与传统形式的高度融合。

在现代社会，这种传统与现代的结合不仅是对传统文化的一种传承，也是对现代艺术设计风格的一种创新。将传统图案融入现代艺术设计不仅能够保留传统文化的精髓，还能够为现代艺术设计注入新的活力和灵感。这种融合使得设计作品既有深厚的文化底蕴，又不失现代感，能够吸引更广泛的受众群体。

二、现代艺术设计与文字的融合

作为中国传统文化的重要组成部分，文字也是现代艺术设计中的基本元素。文字最初是一种图形，随着时间的流逝，在不同的时代展现出不同的风格。在现代艺术设计领域，尤其是在标志设计中，文字的应用尤为突出。因为文字能够直接、有效地传达出设计的意图或信息。设计师通过巧妙的字体选择、排版和颜色搭配，使得设计作品不仅能够快速传达信息，还能够给观众留下深刻的视觉印象，实现过目不忘的效果。文字本身也具有美化和装饰的作用，它能够很好地传承和弘扬中国传统文化，传播中国传统文化的精神。

一个典型的例子是 2022 年北京冬季残疾人奥林匹克运动会的会徽设计。会徽设计师巧妙地将汉字"飞"转化成了一个向前滑行、冲向胜利的运动员形象。这个设计不仅展示了文字与现代艺术设计的完美结合，还体现了设计背后的深刻意义：运动员将坚强的意志作为精神的翅膀，在赛场上挥洒汗水、放飞青春梦想。

在现代艺术设计中，文字不仅可以作为主要元素直接出现在设计作品中，还可以作为辅助元素与其他视觉元素相结合，创造出更加丰富和深刻的视觉效果。设计师通过对文字的创新运用，表达特定的情感、文化背景或品牌形象。

三、现代艺术设计与传统色彩的融合

在中国传统文化中，色彩不仅仅是视觉的表达，更蕴含着深刻的文化意义和象征。我国古代将青、赤（红）、黄、白、黑视为正色，这五种色彩在中国传统文化中各有其独特的寓意和象征意义。

（一）青色

青色是绿色和蓝色的结合。绿色代表生命，在现代文化中还被看作和平与希望的象征。而蓝色作为冷色调，象征着纯净和神圣，它在现代文化中常常与智慧、沉思和冷静相关联。这两种颜色结合后的青色在中国传统文化中通常与青春、生机和宁静相关联。

（二）赤（红）色

赤色即人们通常所说的红色，在中国传统文化中具有非常重要的地位。从古至今，赤（红）色一直代表着吉祥、热闹、激情和振奋等积极意义。它是我国传统节日来临时常用的烘托喜庆氛围的颜色，深受人们的喜爱。

（三）黄色

黄色在中国传统文化中寓意着富贵、辉煌和威武，常被视为皇家和贵族的象征。对黄色的使用在传统服饰、传统建筑和传统艺术作品中都能找到，体现着尊贵和权威的象征意义。

（四）白色

白色在中国传统文化中代表着纯洁和高尚，同时给人一种神秘和幻想的感觉。有时白色还与哀悼和悲伤联系在一起。

（五）黑色

黑色在中国传统文化中通常被视为沉稳、庄重和冷酷的象征。它经常用于表示权威和力量，也可以代表着某种优雅和神秘。

从寓意上来看，这五种色彩具有鲜明的民族特色。它们不仅仅在视觉上给人以美感，更在文化和情感层面上与我国人民的生活紧密相连。例如，2008年北京奥运会会徽的设计，其中一大亮点就是大面积使用了中国红，这不仅展现了我国传统色彩的美感，还传达了我国传统文化的深刻内涵。

第四章　中国传统文化元素
与现代艺术设计教学的融合

第一节　中国传统文化元素与现代艺术设计教学融合的内容与原则

一、中国传统文化元素与现代艺术设计教学融合的内容

（一）传统文化元素和教学理念的结合

在当代西方审美观念的影响下，我国现代艺术设计教学过于强调先进性和科技性，而忽视了中国传统文化元素的重要性。这种偏向不仅限制了教学的多元化，还影响了学生对本国传统文化的认同和理解。对此，现代艺术设计专业的教师应努力将现代化教学方法与中国传统文化元素有效地融合。这不仅能增强学生的文化认同感，还能促使他们主动了解和探索中国传统文化。通过这种方式，学生可以更深入地理解事物发展的潜在规律，并且在设计作品时融入中国传统美学元素，这样的作品会更具文化深度和审美价值。在讲授设计技巧时，教师应重视中国传统文化因素所蕴含的道德情感；在传授技术层面知识时，教师也应对学生进行中国传统文化的教育。这样做可以帮助学生在设计作品时实现传统与现代的结合，避免其单纯地模仿或过分推崇西方文化。

此外，注重中国传统文化的教学有利于提高学生的艺术鉴赏能力，促进他们创新思维的发展。当学生能够理解并欣赏中国传统文化

的独特魅力和深层价值时，他们的创作会更具创新性和独特性。

（二）传统文化元素和实践教学的结合

将中国传统文化元素融入现代艺术设计教学是对现代艺术设计教学形式进行的颠覆性创新。将中国传统文化元素融入现代艺术设计的课程内容和设计实践中不仅能够丰富教学内容，还能够增强学生对中国传统文化的理解和认同。为了更有效地做到这一点，高校应当组织相应的研讨小组，以便于教师在艺术设计实践活动和教学理念上进行有效整合的探究，营造良好的文化氛围，从而最大化提高教师的专业能力和艺术修养，体现本专业的不同之处，这样才能使中国传统文化元素得到更为广泛的传播。

二、中国传统文化元素与现代艺术设计教学融合的原则

（一）尊重传统与敢于创新并重

在将中国传统文化元素与现代艺术设计教学融合的过程中，尊重传统与敢于创新并重是一个重要原则。这个原则强调在继承和发扬中国传统文化的同时，还要推动艺术设计的现代化与创新。

尊重传统，首先要深入理解中国传统文化的根本。这包括对中国历史、哲学、艺术等的全面了解。例如，国画、书法、京剧、建筑和服饰等都是中国传统文化的重要组成部分，它们蕴含着深厚的历史意义和独特的审美价值。在现代艺术设计教学中，教师应当教授学生如何欣赏这些元素，理解其背后的文化含义以及它们是如何随着时间的推移而发展的。其次涉及对中国传统文化中的技艺的学习、对这些技艺背后的文化精神和哲学思想的理解。例如，中国传统文化中的书法

不仅是一种书写艺术，还融合了诗、画的元素，体现了一种追求和谐与平衡的美学观念。

创新是现代艺术设计的生命力所在。教师应在尊重传统的基础上，鼓励学生采用现代的视角和设计方法来重新诠释中国传统文化元素。创新不仅仅是形式上的变化，还包括对中国传统文化内涵的现代解读和再创造。例如，将中国传统纹饰应用到现代服饰设计之中，或者将中国传统建筑元素融入现代城市规划和建筑设计之中。

（二）实践与理论相结合

将中国传统文化元素与现代艺术设计教学融合时，实践与理论相结合的原则至关重要。这一原则强调，在现代艺术设计教学中，理论知识的深入学习应与实践操作紧密相连。理论学习能够为学生提供对中国传统文化的深刻见解，涉及历史、哲学、艺术形式和技术等方面的知识。这种学习的重点使学生理解这些元素背后的文化意义和历史脉络。例如，了解中国传统色彩使用理论后，学生可以学习色彩在中国传统文化中的象征意义以及这些颜色是如何在不同的历史时期被应用的。

与此同时，理论知识若不能通过实际操作得到应用和验证，其价值就会大打折扣。因此，在现代艺术设计教学中，学生应该通过参与实践项目，如将中国传统文化元素融入现代艺术设计作品中，来实际应用所学理论。这种实践操作使学生有机会亲自体验整个设计过程，从而更好地理解实践与理论之间的联系。这不仅能够提升学生解决实际问题的能力，还能够促进他们的创造力和技能的发展。

第二节　中国传统文化元素与现代艺术设计教学融合的策略

一、以创新理念为先导

现代艺术设计作为一门高度依赖创新的行业，始终与时俱进，不断寻求新的表达方式和创意思路。创新并不意味着否定传统文化。实际上，对传统文化元素进行现代化应用本身就是一种创新。

在新时期，现代艺术设计教师不仅需要全面了解中国传统文化元素在现代艺术设计教学中的应用价值和意义，还应当善于从专业知识的角度出发，激发学生对中国传统文化的兴趣。例如，在讲授对柳木圈椅的传承与创新的课程中，教师可以先展示柳木圈椅的优秀技艺，以此激发和培养学生对中国传统文化的敬意和兴趣；再通过分析柳木圈椅与现代生活方式、居室环境、艺术审美等方面的关系，引导学生思考如何在继承传统技艺的基础上进行现代设计的创新。

这种教学理念的实施对于现代艺术设计行业来说至关重要。它不仅能够促进文化的传承，还能够为设计领域带来新鲜的血液和创新的思路。经过这样的学习，学生不仅能够学会如何尊重和利用中国传统文化，还能够学会如何在保持传统精髓的同时，将其转化为符合现代审美和功能需求的新形式。这样的设计不仅具有深厚的文化底蕴，还具有广泛的市场吸引力，能够为现代艺术设计行业的未来发展打开新的可能性。

二、丰富课程结构

从宏观上看，中国传统文化元素在现代艺术设计教学中的应用不仅是教育内容的扩展，还是对现有课程体系的一次重要调整。对此，高校需要在课程设置上进行创新，增设专门的中国传统文化教育课程版块，以确保其与现代艺术设计教学的需求相匹配。在培养学生的过程中，考虑到总课时量大致固定，引入新的课程内容意味着必须对现有课程进行重新评估和调整。虽然这可能导致某些现有课程的缩减，但从文化传承和专业发展的角度来看，这种调整是必要的。

在现代艺术设计课程体系建设中，中国传统文化元素的融入需要结合高校及专业的具体定位。对于大多数地方性院校来说，其学生的培养主要面向地方需求，是为了满足区域性的社会需求。在这种背景下，学生对地域文化认识和理解的程度的高低在很大程度上决定了培养目标的实现与否。因此，地方性院校在将中国传统文化元素融入现代艺术设计教学时，应当给予地域文化足够的重视。现代艺术设计专业的学生在学习过程中不仅要掌握现代艺术设计的理论和技巧，还要深入了解本地区的传统文化和艺术形式。这样学生就可以在设计实践中更好地融入地域文化元素，设计出既具有地方特色又符合现代审美的作品。同时，这有助于学生在毕业后更好地服务于所在地区的文化和艺术发展。地方性院校的现代艺术设计专业教师在运用中国传统文化元素的过程中，还应考虑如何将这些元素与现代艺术设计理念和技术相结合，从而更好地培养出具有创新思维和实际操作能力的现代艺术设计人才。

中国传统文化的丰富性和多样性在很大程度上得益于非物质文化

遗产的广泛存在，这些遗产不仅体现在抽象的元素上，还包括众多具体的艺术形式和技艺。这些非物质文化遗产作为中国传统文化的"活化石"，为现代艺术设计专业的课程建设提供了重要的资源和灵感来源。尽管非物质文化遗产的传承路径具有其特定性，对于现代艺术设计专业的教师来说，在短时间内掌握这些技艺确实具有一定的难度。然而，这并不意味着这些非物质文化遗产无法融入现代艺术设计的课程体系中。最直接也最有效的方法是将非物质文化遗产的传承人直接引入课程建设。非物质文化遗产传承人可以直接站在讲台上，将他们丰富的知识和技艺传授给学生。在此基础上，结合现代艺术设计教学的特点及需求，教师和非物质文化遗产传承人可以协同努力，深入探索和挖掘中国传统文化元素现代化的途径和方式。这种跨界合作在为中国传统文化的传承提供新视角、新方法的同时，能够丰富现代艺术设计的教学内容和形式，为学生提供多样化的学习体验。例如，学生可以在非遗传承人的指导下，学习如何将传统的纹饰、工艺融入现代设计中，创造出既具有传统特色又符合现代审美的艺术作品。

三、优化组织方法

现代艺术设计教学实践确实存在一些问题，尤其是在中国传统文化元素的应用方面。这些问题主要体现为教学组织方式和方法上的滞后，对育人效果具有重大影响。要有效地解决这些问题，就需要对现有的教学模式进行深入的分析和优化。

在现代艺术设计教学中，对中国传统文化元素的剖析与应用应摆脱旧有的框架。中国传统文化元素在教学中往往被过度理论化，缺少与现代艺术设计实践的紧密结合。教师在教学过程中应注重如何将中国传统文化元素以更具象的形式呈现，以便于学生更深入地理解和掌握。此外，教学方法的创新同样重要。有效的教学不仅仅是传授知识，更是激发学生对中国传统文化的兴趣和创造力。因此，教师应当在尊重学生认知和成长规律的基础上，灵活运用多种教学手段。例如，可以采用案例分析、项目驱动、实践操作等多样化的教学方法，将抽象的中国传统文化元素与学生的实际设计项目相结合。

在现代艺术设计专业的课堂教学环节中，教师的角色应从传统的主导者转变为参与者和引导者，最大限度地调动学生参与的积极性。这种教学模式尤其适用于现代艺术设计专业，原因是现代艺术设计专业非常注重创意和团队合作，而创意的发展往往需要团队的共同努力和思想的碰撞。在课堂上，设置小组任务是一个有效的调动学生参与积极性的方法。教师可以在课堂上设置特定的任务，然后将学生划分为不同的小组，让他们自主地决定组内结构和任务分配。为了进一步提升教学效果，教师还可以设计一些课外作业，引导学生在课堂之外自主进行相关学习，具体包括研究报告、设计项目，甚至是与中国传统文化相关的实践活动。在条件允许的情况下，高校还可以组织现代艺术设计专业的学生进行有目的的考察采风。通过亲身体验，学生能够真正感受到中国传统文化的魅力，他们与中国传统文化之间的距离也会更近。这种实地考察不仅能够丰富学生的学习经验，还能够给学生提供实际的设计灵感。

第三节 中国传统文化元素与现代艺术设计教学融合的意义

一、有利于创新与促进跨文化交流

中国传统文化是一个博大精深的资源库，它包含了丰富的艺术形式、设计元素和哲学思想。在现代艺术设计教学中融入这些元素，可以为学生提供全新的视角和灵感来源。例如，我国的书法艺术强调线条的流动性和节奏感，可以启发现代平面艺术设计中对线条的运用；古代建筑和服饰中的图案设计可以为现代图形艺术设计提供独特的样式参考。中国传统文化的多样性和深度为现代艺术设计提供了丰富的内容和形式上的可能性。在中国传统文化中，对色彩、纹饰、构图等元素的运用往往蕴含着深刻的文化意义和审美理念。将这些元素与现代艺术设计理念相结合，能够帮助学生突破现代艺术设计中常见的模式化思维，从而设计出更多具有创新性的作品。

此外，中国传统文化的融入还可以促进跨文化的交流和理解。在全球化背景下，设计越来越需要具备国际视野和文化敏感性。通过学习和应用中国传统文化元素，学生不仅能更好地理解和表达本土文化，还能在国际舞台上更有效地进行文化交流和创意表达。

二、有利于解决教学瓶颈

随着现代艺术设计教育的发展，教师常常面临创新性教学的挑战，尤其在学生的技能和创造力培养方面。在这种背景下，中国传统文化元素的引入不仅有助于教学内容和方法的创新，还能激发学生的学习兴趣和创新思维。

中国传统文化悠久且多样，从文学、书法、绘画到工艺等，都蕴含着丰富的艺术形式和表现技巧。将这些元素引入现代艺术设计教学能够为教师提供新的视角和方法，帮助他们突破常规的教学模式。例如，国画强调的是意境的表达，这种哲学和审美观念可以帮助学生在设计中追求更深层次的情感表达和文化内涵。学习这些中国传统文化时，学生不仅能学习到技巧，还能理解并吸收其中的思想精华，从而在设计中展现出独特的风格和深度。同样，我国的传统工艺，如陶瓷、丝绸、漆器的制造工艺，都有着独特的技巧和美学原则。对这些传统工艺的介绍和应用不仅能够拓宽学生的视野，还能够激发他们探索新材料、新技术的兴趣，从而促进创新设计的产生。

此外，将中国传统文化融入教学还能激发教师自身的创新思维。面对丰富多样的中国传统文化元素时，教师需要思考如何将这些元素与现代艺术设计理念相结合，如何在保留传统精髓的同时创作出符合现代审美的作品。这一过程本身就是一个创新的过程，能够有效帮助教师突破教学瓶颈，提升教学质量和效果。

三、有利于学生对历史文化产生深入的认知

中国传统文化元素与现代艺术设计教学的融合不仅仅是为了提升设计的艺术性，还是一个引领学生全面深入地学习和理解历史文化的

过程。通过对中国传统文化元素的学习和应用，学生不仅能够更加深刻地认识到中国传统文化之丰富，还能够树立起对自身文化的自信和强烈的民族认同感。

中国传统文化历史跨度长、内涵丰富，包含了文学、哲学、艺术、建筑等方面的内容。在现代艺术设计教学中融入这些元素后，学生不仅能学习到具体的艺术技巧，如书法的笔法、国画的用色，还能理解这些艺术背后的文化和历史背景。例如，通过研究我国古代建筑的风格和结构，学生可以了解到我国古代社会的等级制度、宗教信仰和审美理念。

第四节　中国传统文化元素在艺术设计课程中的应用

在长时间的发展过程中，中国传统文化不断发扬光大，所涵盖的内容与领域也在不断扩展。在这样的背景下，对中国传统文化的学习变得尤为重要。特别是在现代艺术设计领域，教师的作用不仅仅是传递知识，还引导学生深入理解和传承文化。在教学过程中，教师既要向学生传授中国传统文化的历史和艺术形式，又要深挖其背后的哲学思想和文化精神，指导学生将这些深层次的文化理解应用到自己的设计作品中。

一、中国传统文化元素在现代艺术设计课程思想观念转变中的应用

在现代艺术设计教学中，教师应强调学生综合素质的培养，即在

向学生传授知识与技能的同时，注重其人文素质的提升。学生通过学习，能深入理解中国传统文化的深邃与广博、掌握做人的道理。这种教学旨在确保学生内在与外在得到均衡发展。我国的教育以学生为中心，并致力于提高他们的思想境界。学生只有接受这样的教育，才能拥有进入社会所需的能力和素质。

二、中国传统文化元素在现代艺术设计课程教学环境改革中的应用

在教学中，教师通常会构建一套有效的教学方式，其中包括营造和谐的教学和文化氛围，还涉及确保学生在校期间获得实习的机会。现代艺术设计教育的核心在于激发学生的创造力和审美能力。为此，教师需要采取多样化的教学策略，满足不同学生的学习需求，让学生在理解现代艺术设计的基础上，能够亲身实践并创作出属于自己的作品。在这一过程中，教师应以身作则，树立正确的榜样，引导学生形成良好的学习习惯和文化修养。校园环境对于现代艺术设计教育同样重要。一个良好的学习环境能够激发学生的创造力和探索精神。因此，高校应该创造一个既丰富多元又和谐的文化氛围，使学生在感受艺术的同时，能够体验到中国传统文化的深度。

（一）与艺术展厅合作

（1）举办学生作品展览。高校可以与艺术展厅进行合作，共同为学生打造一场中国传统文化设计作品展览。这样的展览通常围绕一定的主题进行，如民族特色、历史传承等，旨在通过展示学生的作品来淋漓尽致地表现中国传统文化的独特魅力。

（2）举办非物质文化遗产展览。这类展览对于传统手艺的传承人

来说是一个宝贵的推广机会。高校可以邀请这些艺术家对作品进行展示和讲解，让学生参观和学习这些珍贵的文化遗产。

（二）鼓励中国传统文化社团的成立

鼓励学生成立各种中国传统文化社团也是在现代艺术设计教学中传承和推广中国传统文化的有效途径。这些社团可以围绕特定的文化主题，如书法、国画、民族音乐等，开展一系列艺术氛围浓厚的活动。

（三）举办相关的讲座和竞赛

定期举办与中国传统文化相关的讲座和竞赛也是推广中国传统文化的有效方法。这些活动能够激发学生对中国传统文化的兴趣，让他们在了解中国传统文化的同时，将这些文化元素融入自己的现代艺术设计创作中。比如，学习了传统建筑的风格和特点后，学生可以在自己的设计作品中运用这些元素，设计出既具有传统韵味又符合现代审美的作品。

三、中国传统文化元素在现代艺术设计课程体系构建中的应用

为了培养高素质的现代艺术设计人才，高校需要深入分析自身所在地的中国传统文化环境，并优先发展当地的特色传统文化。在这一过程中，高校应采取多样化的方法来实现这一目标。

第一，考虑到不同设计专业的特点和学生的不同需求与兴趣，高校应将中国传统文化纳入课程体系，作为选修课程推出。学生可以根据自己的兴趣选择合适的课程，从而更加专注于学习，取得更大的收

获。为了更有效地传授中国传统文化知识，教师的教学应以深入分析中国传统文化的深层次内涵为主。通过教师的详细讲解，学生能够建立对中国传统文化的基本理解，并在此基础上衍生出自己的思想。

第二，在条件允许的情况下，教师可以定期开展学术讨论，让学生有机会消化和吸收课堂上学到的知识。在这些讨论中，学生能够进行深层次的思考，甚至可能在灵感的迸发下产生新的创作想法。

第三，有机会时，教师应组织学生进行实地考察，直接体验和感受中国传统文化的魅力，这比课堂上的理论学习更加直观和生动，能在学生心中留下深刻的印象，并有效地培养他们的创作能力。完成实地考察后，学生应回到学校记录整个考察过程，并以论文或报告的形式展现所学所得。

第四，教师应注重培养学生灵活运用中国传统文化进行艺术创作的能力。在教学过程中，教师应鼓励学生将中国传统文化元素融入自己的设计作品中，设计出既具有传统韵味又符合现代审美的艺术作品。

教师和学生在将中国传统文化元素应用于现代艺术设计的过程中，应避免对中国传统文化的片面符号化处理，还应将文化认同作为教学的核心。随着中国传统文化元素在设计领域的日益流行，中国传统文化也在全球范围内获得了更广泛的认可。因此，教师在开展现代艺术设计教学时，需要深刻理解中国传统文化在设计中的意义，确保教学内容与中国传统文化紧密相连。对于现代艺术设计专业的学生来说，设计出具有中国传统文化底蕴的作品至关重要。这样的作品能够让生产者、制造者以及消费者在整个流通过程中感受到中国传统文化的魅力，促进设计行业的发展。在这一过程中，学生需要学习如何将中国传统文化元素与现代艺术设计理念相结合，设计出既有文化内涵又符合现代审美的作品。

　　教师在指导学生进行现代艺术设计时，应当强调创新的重要性。教师需要告诉学生，设计不是盲目跟风或简单模仿现有的作品。学生应当在设计过程中加入自己对作品的独到见解，结合个人的艺术理解和创造力，打造出独一无二的艺术作品。

第五章　中国传统文化元素在现代室内艺术设计教学中的应用与发展

第一节　中国传统文化元素对现代室内艺术设计教学的启示

现代艺术设计的独特性并不是凭空出现的，而是在传统艺术的熏陶和启发下逐步形成的。这种传承并非简单地复制过去，而是一种深思熟虑的对话和转化，使得传统艺术在新的时代背景下焕发出新的光彩。我国艺术设计的历史背景丰富多彩，设计师能够从古老的陶瓷艺术、精致的丝绸制品中汲取灵感。这些元素并没有在现代艺术设计中消失，反而以一种更加创新和现代的方式得到了重新诠释，融入现代艺术设计之中。我国现代艺术设计通过继承传统，不仅保留了中华民族的文化特色，还在国际舞台上展现了中国传统文化的独特魅力。这证明了传统与现代并不是对立的，而是可以相互融合、相互促进的。在这个过程中，我国设计师不断探索、创新，使得我国的设计在世界设计之林中占有一席之地。

一、设计传统

我国的艺术设计源远流长，其独特之处在于它始终以一种与时俱进的态度，吸纳和融合各个历史阶段的文化。从新石器时代的马家窑文化开始，我国的艺术设计已初具雏形。马家窑文化的舞蹈纹彩陶盆上的舞蹈纹为二方连续纹样，生动地表现了先民天真朴实的性格和积极快乐的人生态度。这种纹饰的设计不但在当时是创新的，而且在今天看来依旧充满现代感，显示了我国古代艺术设计的前瞻性和创造力。半坡鱼纹彩陶盆的设计更是我国古代艺术设计的典范。对鱼形的夸张与整合、无中生有的艺术表现凸显了中华民族在艺术发端时期就已经具备的非凡创造力和敏锐的观察力。夏商周时期的青铜器纹饰以粗犷凝重的风格和流畅的线条展现了那一时期工艺的高超和艺术的深沉。春秋战国时期楚文化的漆器在设计上则显示了更加精细和复杂的变化。楚人以凤纹为核心元素，对其进行分解、异化和重组，设计语言充满了变化和创新，体现了我国古代艺术设计的独特性和多样性。

从构成上看，我国的传统艺术设计从自然形象的再现到几何纹的抽象表现，再到独立纹样的散点分布式及二方连续、四方连续等多样性的造型，展现了一种从具象到抽象，再到纯粹艺术形式的美学演进。这是一种艺术上的进步，也是社会发展和意识形态历史演绎的结果；不仅展现了我国古代人民审美意识和创造能力的逐渐成熟，还反映了我国古代社会的变迁和思想的演进。

二、设计语言

（一）方折圆转，重在意境

我国传统艺术设计的一个突出特点是对形式的处理——方折圆转，重在意境。例如，以夔龙、蟠螭等为主体纹饰，周围填以云雷细纹，通过对比和陪衬，展现了我国古代工匠对点线面构成规律的深刻理解。这种设计不仅仅有一种形式上的美感，还蕴含了深层意义和情感表达。这种对意境的追求在一定程度上启发了现代艺术设计：不仅要关注形式的创新，还要深入探索设计背后的文化和情感内涵。

（二）打散重构

新石器时代，我国先民的艺术创作已经从单纯的写实转向了写实性的表达。由于技术和表现手段的限制，他们创作的并不是精确的写实作品，而是一种相对于现代观念的写实。这种从写实到写实性的转变带来了似鱼非鱼、似鸟非鸟等的夸张变形的作品，体现了抽象化和符号化的趋势。这不仅是对先民对理想的追求和对图腾的崇拜的反映，还意味着先民对语言、绘画、书法等不同表达形式进行了探索。这种打散重构的思维方式启示现代艺术设计应敢于打破常规，创造出全新的、具有深层意义的设计语言。

（三）无中生有

艺术设计的核心并非仅仅在于创造性形象的塑造，还在于从最基本的形态要素——点、线、面出发，按照"形态要素＋运动变化"的原则，创造出理想的状态。这种理念突破了传统的设计观念，它不局限于对自然形态或人工形态的模仿，而是追求一种更深层次的创新和创造。在我国的艺术设计中，这种设计理念表现得尤为突出。设计师不仅要善于发现新的形态，还要有能力创造新的形态。在很多艺术设计作品中，"无"的魅力常常超越"有"的直接表达。这种"无"的魅力是一种空间的留白，是一种意境的营造，它让观者在设计的虚实之间感受到更深层次的美感和哲理。老子的"有"和"无"的思想在艺术设计中也有着重要的应用。所谓的虚实、正负或疏密的对比关系正是艺术设计中非常重要的设计手法。这种对比关系不仅仅能使作品的视觉效果更好，还是一种哲学思考的体现。设计师通过对这些元素的巧妙运用，设计出既具有现代感又蕴含哲学深意的艺术作品。

第二节　中国传统文化元素在现代室内艺术设计教学中的应用与发展——以传统雕花纹样为例

一、传统雕花纹样对现代室内艺术设计的作用

（一）传统雕花纹样可以营造一种新的艺术氛围

在现代室内艺术设计中，成功的传统雕花纹样作品除了有美丽的外观，还承载着空间含义和所营造的艺术氛围。单从一件传统雕花纹样作品本身来看，其艺术气息往往是设计师创作思想与灵感的直接体现。每一道雕刻、每一个纹样都可能是设计师对美学的深刻理解和个人情感的表达。然而，在将这些传统雕花纹样作品放入整个室内环境中时，它们的意义便发生了转变。在这个更大的背景下，传统雕花纹样作品所表达的不仅仅是设计师的创作理念，更多的是它们在室内空间中所产生的效果。这种作品能够为室内环境增添一种独特的舒适感，使人们在这个空间中产生美的享受。通过巧妙的设计与布局，设计师能够使传统雕花纹样作品和整个室内环境和谐地融合在一起，创造出一种美学的整体感受。

室内陈设中的传统雕花纹样作品既是一种装饰品，又是一种艺术的载体，具有独特的三维空间效果和深刻的文化内涵。传统雕花纹样作品本身就占有一定的三维空间，在家庭摆设装饰中，它们所拥有的

雕刻的三维效果能够与传统的二维艺术作品如山水画形成鲜明对比。在客厅中，传统雕花纹样的运用可以显著提升空间的品位和档次。当人们进入一个摆放着精美传统雕花纹样作品的客厅时，会立即感受到一种高端、大气的气质。这种环境不仅体现了主人的热情好客，还在无形中体现了来宾的素养和对空间的欣赏能力。在卧室中，运用传统雕花纹样设计的衣柜、床头柜等家具会给人一种清幽和宁静的感觉。传统雕花纹样的镂空效果既保证了室内的采光和通透性，又保护了居住者的隐私。在书房内，传统雕花纹样的使用更多地体现了一种文化气息。书房中的传统雕花纹样会使阅读者更易沉浸在书籍的世界中，汲取知识的精华，这类装饰品会在无形中激发人们的求知欲和创造力。传统雕花纹样的色彩选择也非常关键。在卧室中，传统雕花纹样通常具有温馨的色调，营造出一种安宁和温暖的气氛；而在客厅中，传统雕花纹样的色彩倾向于简单大方，与空间的整体风格和主人的性格相协调。

传统雕花纹样装饰品在不同的室内环境中扮演着不同的角色。无论是客厅、卧室还是书房，设计师都能够根据空间的需求和功能，以传统雕花纹样创造出不同的视觉和感官效果。这类装饰品不是单纯的物体，它们融合了艺术性、实用性与文化深意，为室内环境增添了独特的魅力和氛围。

（二）传统雕花纹样可以对空间进行分隔

在现代建筑和室内设计领域中，空间的分类和利用成了一个重要话题。空间通常按照其复杂程度分为单一空间和组合空间。单一空间是指由三个基本面——墙面、地面和顶面——组成的简单结构空间。单一空间是构成其他空间的基础，是复杂的组合空间的单元细胞，也是本节内容的重点。本节不涉及组合空间。单一空间在建造上相对简单，常见于现代住宅的设计中。为了更有效地利用单一空间，设计师通常需要进行合理的拆分和规划，以创造出更加复杂和多功能的空间。在将单一空间转化为组合空间的过程中，传统雕花纹样的装饰发挥了至关重要的作用。在很多现代住宅楼中，设计师常采用具有传统雕花纹样的酒柜或屏风作为空间的分割手段。这种设计不仅提高了空间的利用率，还增加了房间的层次感和美学价值。在单一空间中，使用传统雕花纹样的装饰作为隔断，不仅能有效地区分不同的功能区域，还能在视觉上扩大空间的感觉。这种装饰的应用尤其适用于面积较小的住宅，原因是它可以在不牺牲空间感的同时，实现多功能的空间利用。例如，在一个小型公寓中，设计师通过使用雕花屏风将客厅和睡眠区域分割开来，既保证了私密性，又保持了空间的开阔感。在增加空间层次感方面，设计师通过精心设计的传统雕花纹样，可以创造出丰富的光影效果，让空间更有深度和动态感。这种设计手法不仅在视觉上具有美感，还为居住者提供了更为丰富和舒适的生活体验。

（三）传统雕花纹样能够改善室内光环境

现代室内艺术设计的发展与传统艺术设计有着密不可分的联系，特别是在如何将传统雕花纹样融入现代室内艺术设计这一方面。如何使传统雕花纹样与现代生活的需求和审美相匹配，既展示传统美学又满足现代功能性成为设计师需要面对的挑战。以我国国家博物馆为例，它的内部装饰采用了中式装饰风格，其中的隔断、屏风、壁画、门窗等都广泛使用了传统雕花纹样进行雕刻，这些元素不仅与博物馆的壮观和雄伟相映衬，还展示了深厚的中国传统文化底蕴。

室内的光环境会在一定程度上影响整体空间装饰风格的塑造。相同的装饰，在不同的光线照射下，会展现出截然不同的效果。现代人对生活质量的要求日益提升，光线与装饰风格的搭配成为室内设计中的一个重要而复杂的课题。设计师在考虑空间利用率时，更需要精心考虑光线的布局和效果。在白天，自然光的使用可以使室内装饰特别是传统雕花纹样装饰展现出更为清晰和生动的纹理与光泽。自然光不仅能突出雕花的细节，还能展现雕刻大师的精湛技艺，为室内空间增添一种自然而又优雅的美感。而夜晚的人造光对室内装饰的展示效果有着截然不同的影响。除了自然光，还有非自然光，也就是人造光，不同的人造光也会表现不同的氛围。例如，KTV 中使用的频闪灯能够烘托欢快和兴奋的氛围；而卧室中的暖白色灯光用于营造一种温馨和舒适的环境，适合休息和放松。在晚上，传统雕花纹样与灯光的搭配尤为关键。通过灯光的反射和衍射，雕花纹样在夜幕中会呈现出静谧而古典的美感，使室内装饰更具有文化氛围和艺术价值。

二、传统雕花纹样文化在现代室内艺术设计教学中的应用与发展

在现代室内艺术设计教学中，教师可以从以下两方面引导学生将传统雕花纹样元素融入设计作品中。

（一）提炼与重构

在艺术设计教学中，"以少胜多，以简胜繁"的设计理念已成为一种趋势。这种理念特别适用于现代室内装修，它强调在传统与现代之间寻找平衡，取传统中的精华，去传统中的糟粕，实现"去繁就简"，同时满足现代人的审美品位。

从图案纹样的角度来看，无论是微观层面的纹样和线条，还是

宏观层面的整体构图，设计师都力求在应用中国传统文化元素的基础上，发掘并再现古典艺术的美感。他们通过结合自己的创作灵感和对现代室内艺术设计的理解，创造出既具有古典雅致又不乏朴实之美的室内艺术设计作品。例如，祥云图案作为一种常见的中国传统文化元素，不仅具有流畅典雅的线条美，还蕴含了美好的内涵。设计师可以捕捉这一元素，将其用于传统雕花纹样设计，并以适当的方式进行创作和发挥，使之能够自然融入现代家居室内装修设计中。在宏观设计层面，教师可以引导学生将祥云图案以群组的形式呈现，这样做的好处是能够给人一种轻盈、缥缈的美感，同时避免了单调。这种设计方式不仅体现了中国传统文化的深层意义，还展现了现代室内艺术设计的创新和简约。这种方式能够在保持传统艺术精髓的同时，赋予其现代感，创造出既适合现代居住环境又不失文化底蕴的室内设计。从图案本身来说，祥云图案以其流畅、灵动的线条，不仅增添了室内空间的美感，还赋予了室内空间一种独特的气质。这种图案的美在于它的简单朴素而又不失典雅，其线条的延伸与变化以及与材质和色彩的相互辉映共同构成了一幅和谐且富有生命力的艺术画面。祥云图案在室内装修中的应用不仅在于其美学价值，还在于其深厚的文化寓意。在中国传统文化中，祥云象征着吉祥如意、好运连连，因此在室内装饰中使用这一图案能够为居住的环境带来一种祥和的氛围。

在题材的选取方面，传统雕花纹样选择多样且富有深意，可以选用富有寓意的植物图案，如牡丹、梅、兰、竹、菊等。这些植物图案凭借其优美的形态和丰富的文化内涵，被设计师运用于传统雕花纹样中，为现代室内艺术设计增添了一份深厚的传统美学魅力。动物图案在传统雕花纹样中的应用也十分广泛，特别是那些富有吉祥寓意的动物，如鱼、鹤、龙等动物图案。这些动物图案不仅因其美丽的形态受到喜爱，还因其在中国传统文化中所代表的吉祥和好运而被广泛运用。在现代室内艺术设计中，这些动物图案的运用不仅为空间增添了生动性和趣味性，还赋予了空间一种文化深度和精神寓意。除了植物图案与动物图案外，教师还可以引导学生选用文字。在中国传统文化中，富有吉祥寓意的文字如"福""禄""寿""喜""财"等经常被选用，这些文字反映了人们的美好愿望。在设计这类文字题材作品时，不同的设计师会采用不同的手法。对于篇幅较小的作品，可以将单个字作为构图的核心，这种方式简洁而富有力度，能够突出文字本身的美感和意义；而在篇幅较大的作品中，可以选择多个字体的组合，并通过花边等元素进行修饰，以增加视觉效果的丰富性和层次感。这样的设计不仅避免了单调和空洞，还能更好地表现出文字与其他元素如植物、动物等的和谐结合。

在作品的边框处理上，运用简单汉字的重复组合，是一种常见且有效的方式。这种设计手法在艺术效果上创造了一种婉转简约的美感，同时保持了作品边框的整齐和统一。这不仅避免了因引入多样题材而导致的杂乱无章，还使得主题更加突出和明确。再者，选取这样的文字题材与构图思想，可以有效降低制作过程中的复杂程度。在现代室内艺术设计中，这类作品更适合用于门窗、隔断等室内元素。这样的设计既能保证透光性，又能适当保护住户的隐私，同时不会完全阻挡视线，实现了美观与实用的完美结合。

（二）变化与延续

在我国众多古建筑文物中，存留下来的传统雕花纹样作品十分丰富，它们是先人智慧与创作灵感的结晶，更是中国传统艺术文化的瑰宝。这些作品大多为建筑构件、家具装饰、门窗隔断以及摆件，展现了我国古代劳动人民对美好生活的追求和希冀。从款式和题材内容来看，传统雕花纹样作品种类繁多、风格各异。在牛腿、雀替、廊架、隔扇、门窗、屏风、床罩等装饰构件上，传统雕花纹样的表现手法丰富多彩，至今仍被广泛运用于现代艺术设计中，成为连接过去与现在的文化纽带。这种将传统雕花纹样融入现代艺术设计的趋势，不仅为现代室内艺术设计注入了新的活力，还为中国传统文化的传承与创新提供了新的路径。传统雕花纹样使得中国传统文化得以在现代社会中焕发新的光彩，也让现代人能够更加亲近并欣赏到中国传统文化的美。

传统雕花纹样作为一种深植于中国传统文化的艺术形式，直至今天，在现代室内艺术设计领域仍然占据着重要地位。随着室内装修风格的多元化发展，中式风格、后现代风格、现代风格等各种风格不仅并存，还相互融合、互补，诞生了许多精美和丰富多样的作品。传统雕花纹样有着天然的质感和立体空间感，在室内装修中的应用能够有效突出空间的特色和格调。无论是作为装饰品，还是作为实用的家具元素，传统雕花纹样都能为室内空间增添一种独特的美感和文化气息。尤其是在现代室内艺术设计中，传统雕花纹样与现代元素的结合既保持了中国传统文化的韵味，又展现了现代室内艺术设计的创新和多样性。

在材质选择上，传统雕花纹样作品多以实木为材料，但考虑到环保和成本方面的问题，教师可以启发学生采用复合板材和其他新型环保材料。这种材料的使用不仅能够减少对自然资源的消耗，还能够降低制作成本，也能够保持传统雕花纹样作品的艺术价值和审美特征。此外，随着科技的发展和新材料的应用，雕花纹样作品的制作工艺也更为精细和复杂。学生能够利用现代技术如三维技术制作出更加精致和细腻的雕花纹样，从而为现代室内艺术设计带来更多的可能性。这些雕花纹样作品不但在视觉上更加美观，而且在功能上更加实用和耐用。

无论是起居、工作，还是消费，人们生活中大部分时间都在室内度过，因此打造一个美观舒适的室内环境对于提升生活品质至关重要。传统雕花纹样元素的应用在现代室内艺术设计中发挥着重要作用，不但为家具设施增添了美观性，而且提升了生活环境的格调与品质，为居住空间增添了文化与艺术气息。

对传统雕花纹样的运用是一种跨学科的艺术形式，它不仅包含中国传统文化元素，还涉及材料科学、美术等多个领域。设计师研究传统雕花纹样时需要对这些不同学科的知识进行融会贯通、总结归纳，通过对传统雕花纹样的深入研究，学习丰富的中国传统文化知识，增进对现代室内艺术设计的理解和掌握。

第三节　中国传统文化元素在现代室内艺术设计教学中的应用与发展——以传统瓦元素为例

一、瓦与现代室内艺术设计的耦合关系

（一）传统瓦元素与现代室内艺术设计的美学原理

1. 传统瓦元素的美学观念变迁

我国古代建筑学是一门深奥而精致的艺术，其每一处细节都蕴含着丰富的文化内涵和社会信息。从屋顶的瓦片到屋脊的装饰，每个元

素都不仅是建筑的一部分，还是历史、文化和社会等级的体现。通过对这些元素的观察和分析，人们可以窥见主人的身份地位、一个时代的建筑风格，乃至整个社会的文化特征和伦理观念。我国传统建筑可以分为宫、殿、堂、亭、台、楼、阁等类型，每种类型建筑的屋顶在工艺、规模和结构上都有明显的差异，这些差异正是等级差别的直接体现。我国清代官员式建筑通行的标准设计规范《工程做法则例》中对大式瓦作与小式瓦作的制作方法进行了详细的阐述：大式用筒瓦骑缝，脊上有特殊脊瓦、吻兽等装饰，材料多用琉璃瓦或青瓦；小式则没有吻兽，多用板瓦，材料则只用青瓦。

瓦作为我国古代建筑中的重要元素，不仅仅是屋顶的覆盖物，更是权势和地位的象征。在我国古代建筑中，瓦的样式和色彩具有深刻的象征意义，如金黄色的琉璃瓦象征皇权，展现出一种富丽和华贵的气息。瓦还是艺术表现的载体。古代人们会在瓦上勾勒出不同类型的图案和纹饰，赋予瓦艺术性。文字瓦出现后，瓦更像是一本历史课本，记录并承载着历史。西周时期，覆盖建筑檐头的筒瓦前端的遮挡——瓦当出现，以半圆形为主，纹饰比较简单。秦汉时期，由于生活方式的变化，瓦上的纹饰多为表吉祥意义的兽纹。随着生产力的发展，图案已经无法充分表达人们的日常生活，因此文字瓦应运而生，反映了当时的社会环境。这一时期，瓦艺术达到了繁盛期。魏晋南北朝时期，文字瓦的数量减少，瓦上的图案纹饰趋于简化，瓦的使用也逐渐走向衰落。这种变化不仅反映了建筑艺术的演变，还映射出社会历史的变迁。

2. 现代室内艺术设计的美学原则

在现代室内艺术设计中，每一项元素的选择和应用，如装饰物的布置和色彩的应用，都需要以美学原则为前提。然而，现代室内艺术设计与画家等艺术家的创作不同，它不是一种完全独立的艺术表现形式。从事现代室内艺术设计的设计师的工作涉及多方面的合作和协调，需要依靠施工人员、施工材料等外部资源共同完成。这意味着现代室内艺术设计不仅仅是一种视觉艺术的展现，还是一种团队合作的结果，其中融合了技术、材料以及实际操作的各种要素，共同创造出既实用又美观的室内空间。

现代室内艺术设计的美学原则是一个多层次、多维度的概念，涉及空间分配、造型设计、色彩运用、光线处理和材质选择等方面。这些元素共同作用，赋予室内空间美的视觉效果。现代室内艺术设计的美学原则有以下几点。

（1）统一。统一对于现代室内艺术设计来说尤为重要。因为现代室内艺术设计涉及的内容很广，包括空间、色彩、灯光等方面，设计师需要遵循统一原则，将这些不同种类的设计元素有机地结合在一起，形成有序的整体。这种整齐划一、静中有动的设计会给人以视觉上的享受。在把握空间整体统一性的过程中，比例与尺寸是关键的一部分。其中，"黄金分割"是最经典的比例分割方法。它对于设计师处理物体间的各部分与整体的关系起到了至关重要的作用。在现代室内艺术设计中，小到一件装饰品，大到整个空间的顶面尺寸，都需要设计师通过黄金分割等方法来营造空间的秩序感和稳定感。

（2）韵律。韵律在现代室内艺术设计中的作用与在音乐中的作用相似，都是通过重复和节奏的变化来创造一种动态的美感。在现代室内艺术设计中，韵律是一种动态视觉感的体现，它通过装饰物的外观、灯光的设计、色彩的搭配等设计元素的组合，给人带来感官上的韵律感，让人感受到空间内的动感美。韵律在现代室内艺术设计中的主要表现是重复。这种重复可以是相同装饰物的交错重复，也可以是不同装饰物的等距重复，或者是色彩运用上的交叉重复。例如，在一个客厅的设计中，设计师可以使用相同的图案或颜色的装饰物，将其在空间中等距离地重复放置，从而在增强空间统一感的同时，营造一种视觉上的韵律感。韵律感还可以通过灯光设计来实现。例如，设计师通过将灯光以特定的间隔和顺序布置，创造出一种动感和节奏感，增强空间的动态美感。光线的强度、方向和颜色的变化都可以作为创造韵律感的工具。在色彩搭配上，交叉重复的方式也可以创造出韵律感。比如，设计师可以在空间中使用两种或多种颜色，通过它们的交替出现来创造视觉上的动感。这种颜色体现的韵律感不仅可以提升空间的活力，还可以增加空间的视觉深度和丰富性。

（3）强调。在现代室内艺术设计中，强调的运用是为了突出空间中某些特定的元素，以此来制造美的效果。这种强调通常应用于空间内占据中心地位的对象，即那些占据视觉中心的主体。设计师通过无限放大某一项要素，使其从众多要素中脱颖而出，产生强烈的视觉效果，从而形成美感。强调原则可以与韵律原则相结合，给予空间动态美感，消除平淡、单调的空间所带来的沉闷感，并创造出引人注目的视觉效果。例如，设计师可能会通过选择造型独特的装饰物、使用亮丽的颜色、设置独特的灯光效果、添加绿植等方法来实现强调。造型独特的装饰物可以作为空间的焦点，吸引人们的注意力，引导视觉流向并增强空间的艺术感。

（4）均衡。均衡原则从某种角度来看，与统一原则类似，都旨在给观者传递一种和谐感。均衡原则指的是通过对物象的运用，在空间中创造视觉上的重量平衡，从而使整个空间看起来既舒适又和谐。现代室内艺术设计涉及的元素众多，每种元素的使用方式和用途都不尽相同，因此会给人带来不同的重量感。设计一旦出现偏差，就可能导致重量上的失衡，造成空间的杂乱无章。如果设计师能合理地分配各种设计元素的重量，使整体保持在一个稳定的状态，便能达到均衡，从而创造美。均衡可分为两种：对称均衡和非对称均衡。对称均衡是指以空间中心为基准，四周的物象在大小、比例等方面相同，实现空间的对称均衡。这种设计能给人一种有序、严肃、条理清晰的视觉感受。例如，在一个房间中，家具的摆放、装饰品的选择和布局都遵循对称原则，使得两边的视觉重量感相等，创造出一种和谐稳定的环境。非对称均衡则是指在单个构图中，存在对应关系的物象大小、比例等不完全相同，但给人的重量感基本类似，从而创造出一种均衡感。这种设计可以带来空间上的动态美，使整体空间看上去变幻多样。非对称均衡更多地依赖于设计师的创意和灵感，设计师可以通过不同元素的巧妙搭配，创造出特定的视觉效果。例如，在客厅的设计中，虽然家具的摆放和装饰品的布局不遵循严格的对称原则，但设计师通过对色彩、形状、纹理的协调以及对物品的相对位置和大小的考量，仍然可以实现整体的视觉平衡。

（5）和谐。和谐是现代室内艺术设计中至关重要的一个原则，它涉及空间设计中各个元素之间的融洽配合。这不仅包括风格和色彩，还包括材质、肌理等方面。在现代室内艺术设计中，实现和谐意味着创造一个既舒适又自在的空间，其中家具、装饰物、色彩搭配等都要遵循和谐的原则。和谐强调在同一空间内设计风格的统一性。例如，如果选择了中式风格，那么所有的设计元素，包括家具、装饰品等，都应该为中式风格。这种风格的统一性有助于创造出一种连贯和协调的视觉效果。如果一个空间中混合了古典、现代等多种设计风格，很可能会造成视觉上的混乱，使整体空间显得杂乱无章。色彩的和谐也是现代室内艺术设计中不可忽视的一个方面。色彩搭配需要考虑空间的整体感觉以及如何影响人的情绪和心理感受。合理的色彩搭配可以增强空间的舒适度和吸引力。例如，在一个以暖色调为主的空间中，使用冷色调的装饰品或家具可能会打破这种和谐，导致空间感觉不协调。材质的和谐同样重要。在同一个空间内，家具和装饰物的材质应该尽量相近或相融。如果在一个空间中同时使用过多的新型材质和传统材质，可能会造成视觉和感觉上的混乱。例如，不锈钢的现代椅子与古色古香的木制餐桌搭配时，可能会显得突兀，会破坏空间的整体和谐感。

（二）传统瓦元素与现代室内艺术设计的文化共性

1. 民族文化共性

传统瓦元素作为中国传统文化元素中的重要组成部分，体现了鲜明的民族特色。瓦通常用于建筑的装饰，在我国古代建筑中占据重要地位。瓦的图案丰富多彩，特别值得一提的是龙纹瓦。龙作为中华民族的图腾，象征着权力、尊贵和好运。在瓦上刻画龙纹不仅是对中国传统文化的传承，还是一种弘扬民族文化的方式。在瓦上刻画这些具有民族特色的图案可以有效地将我国悠久且深入人心的民族文化展示出来。这不仅仅是对建筑装饰艺术的展示，还是一种文化传播方式。瓦通过其独特的文化符号，向世界展示了中国传统文化的深厚底蕴和独特魅力。

我国民族众多，各民族的风土人情会影响瓦的图案设计，各民族的瓦反映了各民族的特色。瓦上图案不仅体现了当地工匠独特且具有民族特色的审美趣味，还是民族艺术传承与传播的载体。瓦的民族特性使其在艺术领域独树一帜，获得了人们的关注和喜爱，因此能够在全球范围内推广。

瓦作为传统建筑材料，在不同文化中承载着深厚的历史和文化意义。它不仅仅是建筑的实用组成部分，还是民族文化传承和艺术表达的载体。在室内空间设计中，瓦的应用通常反映了对中国传统文化的尊重和借鉴。设计师能够通过使用瓦或传统瓦元素，在现代室内艺术设计中创造出一种时空交错的感觉，既展现了现代审美，又不失传统韵味。传统瓦元素与现代室内艺术设计在民族文化方面的共性不仅仅体现在外在的形式和装饰上，还在于它们共同承载和表达了深厚的文化意义和审美价值。这种共通性是传统与现代、文化与艺术之间的桥梁，为现代室内艺术设计提供了丰富的灵感和深远的文化内涵。

2. 地域文化共性

瓦作为一种古老的建筑材料，深深植根于不同地区的建筑传统中，承载着该地区独特的文化与历史。在不同地域文化中，瓦的图案特征反映出该地区的自然环境、历史演变和审美偏好。例如，在游牧业为主的地区，瓦上的马匹图案较为多见，这类图案通常描绘的是狩猎、追逐等场景，不仅反映了古代人民对马的重视和马在生活中的作用，还表达了人们对和平、宁静生活的向往；在农业发达的地区，因为水与农业息息相关，所以人们往往借助鱼的图案来反映当时农业发达的社会景象，同时表达对丰收、风调雨顺的祈愿。

如今，设计师将特定地区的传统瓦元素融入现代室内艺术设计中，能够创造出具有地域文化特色的空间氛围，使其浸透人们的日常生活。传统瓦元素与现代室内艺术设计在地域文化方面的共性体现在对地域特有的文化特征的展现和传承上。这种共性不仅增强了室内空间的文化氛围和美学价值，还是对地域文化传统的一种尊重和保护。通过这样的设计方法，人们能够在日常生活中更深刻地体验和理解特定地域的文化精髓。

3. 自然生态观的文化共性

瓦不仅仅是一种装饰，还反映了古代人民对自然的敬畏和理解。在这类瓦图案中，树木的形象经常作为母题出现，展示了自然元素的美。战国时期的齐国瓦当的画面中心往往是一棵树，树两侧对称分布着马匹、飞禽、走兽或人物。一些学者认为这样的图案反映了当时的自然美景和社会生活。还有学者认为瓦当上的树图案是祭坛的象征，这样的图案表达了对大自然的崇敬。

"四神"瓦作为瓦当艺术巅峰的标志之一，不仅代表了中国传统文化艺术的发展，还是古代中国人民对自然和宇宙的深刻理解和尊敬的体现。四神即传说中的青龙、朱雀、白虎、玄武四大神兽，分别镇守着我国的东、南、西、北四个方向。这种布局反映了古人对宇宙方位的理解，他们认为自然界和宇宙间存在一种微妙的平衡和协调关系。每一方位的神兽不仅是对那一方向的守护，还象征着人类与自然界的密切联系和相互依存。从季节的角度分析，四神各自代表着春、夏、秋、冬四个季节。冬春之交，青龙升起；春夏之交，朱雀显现；夏秋之交，白虎露头；秋冬之际，玄武上升。这种象征不仅反映了古人对自然规律的观察和理解，还体现了他们对自然变化的尊重和顺应。

在空间设计方面，我国古代庭院设计往往注重自然元素的融入，如水体、植被的布局，旨在营造一种人与自然和谐相处的氛围。这种设计不仅追求美观，还强调了功能性与实用性，体现了古人对生态环境的尊重和顺应自然规律的设计理念。现代室内艺术设计也应传承这种理念，打造和谐自然的室内空间。

传统瓦元素与现代室内艺术设计的这种在自然生态观方面的文化共性不仅体现了一种共同的对美的追求，还体现了一种生活哲学和文化传承。通过这些精致的瓦类文物和精心布局的空间，今人可以窥见一个古老文明对自然和宇宙的独特见解和深刻哲思。

二、传统瓦元素在现代室内艺术设计教学中的应用与发展

在现代室内艺术设计教学中，教师可以引导学生从以下两方面来应用、发展传统瓦元素。

（一）将传统瓦元素应用于现代室内艺术设计教学中

传统瓦元素包括瓦的形状、图案、材料、色彩、技术等，下面将从价值取向与外观两方面入手，探讨传统瓦元素在现代室内艺术设计教学中的应用。

1. 从价值取向入手

（1）审美价值。在现代室内艺术设计教学中，教师可以引导学生从审美价值出发，通过将不同形状的瓦与其他材料如砖和石块结合在一起，为墙面增添丰富的视觉效果。这种材料的多样性不仅能够使墙面呈现出多种花式造型，还能创造出与浮雕类似的纹理和图案。这些图案在层次和质感上与平整的墙面形成鲜明对比，增添了空间的韵律感。这样的设计理念能够让室内空间不仅仅是居住的地方，还是一种文化和艺术的展示。每一块瓦片、每一种搭配都像是在讲述一个故事，反映出设计师的匠心独运和对美学的深刻理解。

（2）实用价值。瓦的图案纹样和砖石的拼接组合在现代室内艺术设计中扮演了重要角色，它们不仅仅是装饰墙面的工具，还是创造空间美学和功能性的关键元素。在现代室内艺术设计教学中，教师可以启发学生通过瓦的纹饰图案、瓦固有的肌理以及砖瓦之间的有效组合来装饰墙面。这种设计不仅美观，还能够通过砖瓦的叠加对空间进行

有效的功能分区，实现空间利用的最大化。在地面设计方面，教师可以引导学生巧妙地运用瓦的不同图案、色彩和材质，通过有规律的拼接，在实现区域划分的同时，达到装饰和分流的双重目的。这种设计思路既实用又美观，完美地融合了功能性与艺术性。

（3）文化价值。瓦作为一种建筑材料，其历史可追溯至几千年前，至今仍被广泛使用。瓦之所以经久不衰，除了其本身的高欣赏性，更重要的是因为它背后蕴含的丰富的传统历史文化和深刻的吉祥寓意。瓦不仅仅是建筑的一部分，更是文化内涵的一种体现。瓦不仅体现了古人对自然规律的摸索与总结，还融入了古人丰富的想象力和对生活的祈愿。对瓦的设计和应用不仅仅是对自然规律的应用，更是对于自然物象和生活愿景的一种艺术表达。这种结合了实用与美学、传统与创新的设计理念使得瓦在现代室内艺术设计中仍具有较高的文化价值。因此，从文化价值的角度入手是教师启发学生在现代室内艺术设计中运用传统瓦元素的重要途径。

在现代室内艺术设计中，对瓦的使用不应局限于其原有的功能，应通过不同的形状、纹饰和颜色，将中国传统文化与现代室内艺术设计理念相结合，创造出既美观又富有文化内涵的空间。这种设计不仅能够让人们在日常生活中感受到中国传统文化的魅力，还能够让人们在现代社会中找到与古代文化的连接。

2. 从外观入手

过去，瓦作为建筑材料主要用于铺设坡状大屋顶，随着时间的推移和审美观念的变化，坡状大屋顶的结构逐渐让位给了更具艺术性的屋顶设计。与此同时，对瓦的应用开始发生显著的变化。对现代瓦的设计不再局限于传统形式，而是变得更加多样化。瓦的造型和颜色的丰富性大大增强，在各种环境设计中的应用变得更加广泛。如今，瓦不仅承担着覆盖和保护建筑的实用功能，还承载着更多的装饰作用。这种装饰作用主要来自瓦的外观设计和材质选择的多样性。不同形状、色彩、材质的瓦片可以创造出各种风格和氛围的空间效果。它们不仅增强了空间的美感，还赋予了空间更多的人文气息和别致感。这种变化反映了人们对居住环境和空间设计的新需求和新理念。在现代室内艺术设计中，通过改变外观来进行设计是一种常见的手段，对此，教师可以围绕以下几方面对学生进行启发。

（1）形状。在现代室内艺术设计教学中，教师可以引导学生保持瓦原有的形状，并采取重复排列的方式，将瓦有效地融入墙体结构中。这样的设计方法不仅保留了瓦的传统韵味，还赋予了墙面一种动态的变化，打破了单一、刻板的传统形式。例如，利用瓦原有的弧度，可以制造出富有韵律感的墙面设计。这种设计不仅增加了视觉上的趣味性，还能引导观者的视线在墙面上流动，从而增强空间的动态感。板瓦作为一种装饰构件，在室内设计中的应用也非常广泛。横竖交叉使用板瓦可以形成各种不同的造型，体现中国传统文化的元素，赋予空间一种古朴的韵味。筒瓦的使用也是一个很好的例子。对筒瓦采取鱼鳞排布的方式，或者结合仰合瓦的使用，可以创造出别致且充满趣味的空间设计。这样的排列组合突出了内部空间的动态感，也展示了设计的创新性。

（2）色彩。在现代室内艺术设计教学中，利用瓦的丰富多彩的颜色来营造特定的文化氛围和艺术风格是一种极具创意的方法。瓦作为一种古老的建筑材料，承载着丰富的历史和文化内涵，其本身的颜色和纹理也为现代室内艺术设计提供了无限可能性。尤其是在强调文化韵味和古朴艺术氛围的场合，红瓦和青瓦的应用尤为合适。红瓦和青瓦的颜色和质感能够传递出特定的情感和氛围。红瓦通常会给人一种历史的厚重感和温暖、大气的环境感受。红色本身就是一种充满活力和热情的颜色，能够在室内空间中营造出一种温暖和舒适的感觉。相比之下，青瓦则给人一种自然的宁静感，所营造的是淡雅、祥和的氛围。青色是一种冷静和稳重的颜色，它能够平衡红色的张扬，为空间增添一种淡定和优雅的感觉。当红瓦和青瓦在室内设计中有规律地交叉使用时，这种颜色的对比和结合不仅能够增强空间的视觉冲击力，还能使整个空间看起来更具跃动感和活力。例如，可以在墙面或地面上设计红瓦和青瓦的交叉图案，或者在空间的某个区域中使用红瓦作为主色调，而在另一个区域中使用青瓦作为主色调。这样的设计不仅能够突出空间的文化特色，还能创造出一种动态感和层次感强烈的视觉效果。

（3）材质。在现代室内艺术设计中，瓦作为一种传统的建筑材料，因其独特的肌理和多样的形式，被广泛用于装饰墙体。一般而言，瓦分为陶制和瓷制两种类型，每种材质都有其特殊的质感和美学价值。陶瓦和瓷瓦之间的区别在于它们的制作工艺和表面肌理不同。陶瓦通常具有更为粗糙、自然的表面，而瓷瓦表现出更加光滑和精致的质感。在教学过程中，教师引导学生交互使用这些不同材质的瓦，可以帮助其创造出丰富的节奏效果和视觉冲击力，为室内空间带来独特的艺术氛围。除此之外，将瓦与其他建筑材料如砖、石块等结合使用，也是一种常见的设计手法。这种材料的混合使用不仅能够突出墙面的肌理，还能够营造出立体的三维效果。例如，明清时期流行的"瓦爿墙"技术就是指将残砖碎瓦拼接起来组成墙体。这种技术不仅能起到装饰的作用，还能支撑建筑，展现我国传统建筑技术的智慧和美学价值。

（4）混合技术设计。设计师可以将瓦与现代材料如玻璃、塑料管等结合，通过传统与现代的碰撞在室内空间中营造一种独特的美感。这种设计方法不仅强调了瓦作为装饰元素的美学价值，还展现了材料创新在现代室内艺术设计中的重要性。在现代室内艺术设计教学过程中，教师引导学生将瓦与现代材料拼接使用，可以帮助其打造出独特的墙体结构，在现代空间中营造出一种历史的氛围。

（二）传统瓦元素在现代室内艺术设计教学中的发展

在现代室内艺术设计教学中，传统瓦元素的发展方向主要有以下两个。

1. 保留其原本的生态美

我国的自然生态观念不仅是对自然的哲学理解，还是对人类与自然关系的深刻反思。随着时间的推移，这种生态观念逐渐转变为一种生态审美观，它基于对自然生态的深切理解，反映了人类对自然的尊重和与自然和谐共生的生存方式。在现代室内艺术设计领域，这种生态审美观尤为重要。设计不仅是一种视觉艺术，还是一种体现人类对人类与自然的关系的理解的方式。对瓦元素的使用和设计就是一个典型例子。瓦的图案和纹饰常常取自自然，如花鸟、山水等，这类设计不仅美观，还体现了一种对自然的崇敬和顺应自然的理念。在现代室内艺术设计中，设计师可以利用瓦片的天然质地和色泽来创造一种贴近自然的感觉，或者通过将瓦片与现代材料结合，展现出传统与现代的和谐共生。同时，对瓦的使用体现了一种回归自然、顺应自然的生活态度。在现代室内艺术设计中运用瓦，不仅是对中国传统文化的传承，还是对生态环境的尊重和保护。

2. 与现代设计融合

（1）将传统瓦元素与现代元素融合。在现代室内艺术设计中，提取并融合传统元素已成为一种流行趋势，这不仅体现了对历史的尊重，还展示了对中国传统文化的深刻理解和追求。设计师通过运用缩放、重组、重复、变形等设计手法，运用传统瓦元素，结合现代设计的风格，创造出一种既返璞归真又回归传统的室内环境。

（2）将传统瓦元素与新材料、新技术融合。新材料、新技术在现代室内艺术设计中的应用是连接传统与现代，打造独特空间美学的关键。在现代室内艺术设计教学中，学生通过合理选择和运用现代材料与传统瓦元素的结合，能够在室内空间中创造出古今碰撞的效果，从而展现出一种独特的设计美学。传统瓦元素在现代室内艺术设计中的表达需要结合现代的载体来实现。这种载体可以是现代的新材料，也可以是现代设计手段和技术。这种融合不仅限于建筑和装饰元素，也体现在日常生活用品中。例如，将传统瓦元素与现代茶壶相结合，既展现了中国传统文化的精髓，又满足了现代生活的实用需求。这种茶壶不仅具有装饰性和文化传承功能，还具备日常饮茶的实用功能。通过新材料和新技术的应用，这样的茶壶还能与室内环境融为一体，实现空间上的统一和谐。

（3）将传统瓦元素与现代室内艺术设计理念融合。中国传统美学中的"整体意识"是一种深刻的哲学思想，它强调世界是一个相对稳定且协调的整体，一切事物都遵循着共同的法则并相互关联。这种思想在我国古代艺术创作中尤为明显，艺术家不仅将天、地、人、艺术融为一体，还将人的情感融入自然景象中，通过形象来表达内在的意境，从而完成艺术的创造。在现代室内艺术设计中，中国传统文化与现代室内艺术设计理念的融合也应当遵循这种"整体意识"。这意味着，在进行现代室内艺术设计时，设计师不应只关注单一的设计元素，还应从室内空间的功能运用、时代背景、居住者的偏好等维度进行综合考量。设计师需要在设计空间造型和选择装饰物时，考虑这些多元化的因素，以此来创造一个和谐、统一且富有内涵的空间。

　　将传统瓦元素与现代室内艺术设计理念融合的具体做法如下。设计师应先充分认识和理解瓦的形态、寓意和神韵。瓦不仅仅是一种建筑材料，其每一种形态、纹饰都蕴含着丰富的文化意义和历史故事。在这个基础上，设计师应进行适当的取舍、变化和重构，使瓦的艺术形式和文化精神在现代室内艺术设计中得到新的体现。在这个过程中，一方面，将瓦当纹饰作为设计的一部分不仅仅是形式上的引入，还是对其背后所蕴含的中国传统文化内涵的一种传承和展现。通过对中国传统文化的理性认知，设计师可以在创新的基础上进行发展，从而将中国传统艺术融入现代环境中。另一方面，设计师还需要把握瓦的"神韵"，结合现代室内艺术设计理念和技法，充分展现瓦的内在文化精神。材料和施工工艺的选择离不开精心的考量。设计师可以选用适宜的现代材料，如玻璃、金属、塑料等，以及先进的施工技术，如数字化加工等，使瓦当的形式和纹饰在现代室内艺术设计中得到更好的体现。同时，在施工工艺上，设计师应采用环保和可持续的方法，保证传统瓦元素的可持续发展。

参考文献

[1] 周建波，陈嘉蓉，刘萍萍.现代艺术设计与传统文化元素应用研究 [M]. 长春：吉林人民出版社，2019.

[2] 白琨.古今融合与创新：现代艺术设计中的中国传统文化元素研究 [M]. 长春：吉林美术出版社，2018.

[3] 高莹.中国传统文化元素与现代艺术设计融合性研究 [M].长春：吉林 人民出版社，2022.

[4] 王坤.中国传统文化元素与艺术设计实践研究 [M].长春：吉林人民出 版社，2019.

[5] 郭继鹏.现代艺术设计中的传统绘画元素应用与实践 [M].长春：吉林 美术出版社，2019.

[6] 赵丁丁.PBL 教学模式与高等院校艺术设计教学 [M].长春：吉林出版 集团股份有限公司，2019.

[7] 张晓.现代与传统的融合：论现代环境艺术设计中的传统文化元素 [D]. 石家庄：河北师范大学，2015.

[8] 王虹.艺术设计专业引入传统文化教育策略研究 [D].哈尔滨：东北林 业大学，2015.

[9] 朱子惠.溯"源"寻"本"：中国民间美术在现代平面设计中的应用研究 [D].武汉：武汉理工大学，2009.

[10] 徐硕.现代环境艺术设计中的传统文化构思 [D].长春：东北师范大学，2007.

[11] 孙晓毅.论中国传统文化元素在艺术设计中的创新应用 [D].长春：吉林大学，2006.

[12] 萧冰.现代艺术设计与民族文化符号浅析 [D].长春：吉林大学，2006.

[13] 李艺.中国传统艺术与现代设计的理论研究 [D].武汉：武汉理工大学，2005.

[14] 周莹莹，李帅波.中国传统文化在现代室内设计中的传承[J].中华建设，2023（11）：83-85.

[15] 金微薇，金啸宇.传统文化元素在现代艺术设计中的应用分析 [J].湖北经济学院学报（人文社会科学版），2023，20（9）：152-155.

[16] 孟君梅.中国优秀传统文化元素在室内设计中的表达研究 [J].中国民族博览，2023（12）：202-204.

[17] 李婧瑜.传统文化元素在现代室内设计中的应用研究 [J].吉林建筑大学学报，2023，40（3）：71-74.

[18] 华露嵘.室内设计中的传统文化元素之应用 [J].居舍，2022（33）：10-13.

[19] 张文.传统文化元素在现代艺术设计中的应用 [J].美术教育研究，2022（3）：62-63.

[20] 李欣洋.传统文化元素在现代艺术设计中的应用 [J].东方收藏，2021（17）：75-76.

[21] 邬守军.现代艺术设计中传统文化元素的应用路径 [J].山东农业工程学院学报，2018，35（6）：99-100.

[22] 侯伟伟.传统文化在现代艺术设计中的继承与发展思考[J].建材与装饰，2018（2）：74-75.

[23] 曾诺思，袁梦祈.传统文化元素在现代艺术设计中的运用[J].南方农机，
2017，48（24）：100.

[24] 孙劼.浅谈现代艺术设计中传统茶文化元素的呈现[J].福建茶叶，
2017，39（4）：251-252.

[25] 丁楠.刍议现代艺术设计与我国传统文化[J].牡丹江教育学院学报，
2016（6）：122-124.

[26] 马振兴.现代艺术设计对中国传统文化的应用[J].大众文艺，2016（1）：
164-165.

[27] 张静.试论现代艺术设计与传统文化的关系[J].戏剧之家，2015（24）：
251.

[28] 刘洋.中国传统文化与现代艺术设计[J].品牌，2015（2）：193.

[29] 何青.传统文化元素在现代艺术设计中的融合与呈现[J].艺术科技，
2014，27（12）：185.

[30] 周文静.中国传统文化元素在现代艺术设计中的应用分析[J].中国包装
工业，2014（20）：38，40.

[31] 焦长虹，张秀敏.浅析中国传统文化对现代艺术设计的影响[J].今传媒，
2014，22（8）：154-155.

[32] 张程.现代艺术设计中传统文化的注入[J].大舞台，2014（4）：76-77.

[33] 周维娜.传统文化在现代艺术设计中的运用[J].大舞台，2013（8）：
116-117.

[34] 马小莉.浅析传统文化与现代艺术设计之间的关系[J].大众文艺，2012
（13）：84-85.

[35] 严兆洋.浅谈中国传统文化与现代艺术设计的结合[J].才智，2011（8）：
217.

[36] 朱星亚.浅议现代艺术设计中传统文化符号的认知意义[J].电影文学，
2009（14）：25-26.

[37] 廖国张，廖艳军.中国现代艺术设计中的传统文化因素的再认识[J].大

众文艺（理论），2009（10）：83-84.

[38] 冯小红．论现代艺术设计与传统文化的关系 [J].装饰，2006（7）：16-17.

[39] 陈开文．现代艺术设计中的传统文化继承 [J].铜陵学院学报，2006（2）：87-88.

[40] 潘小玲，曲文东．现代艺术设计与中国传统文化 [J].山东省农业管理干部学院学报，2005（1）：119-120.

[41] 毛玉荣．现代艺术设计与传统文化元素的融合表现 [J].艺术大观，2022（29）：75-77.

[42] 吴萍萍，王所玲．传统文化元素在艺术设计教学中的应用 [J].山东开放大学学报，2022（3）：63-66.

[43] 贾琨．传统文化元素与艺术设计教学的结合分析 [J].大观，2021（6）：118-119.

[44] 王文．传统文化元素在艺术设计教学中的应用 [J].大观，2020（11）：125-126.

[45] 李永娟．试论传统文化元素在高职艺术设计课程中的应用 [J].发明与创新（职业教育），2020（1）：72.

[46] 王丽芳．传统文化元素与艺术设计专业课程的融合 [J].美术教育研究，2020（1）：100-101.